台湾名店137

現地在住のグルメ好きが厳選した
ガイドブックにのらない
本当においしい店

tatsuya

みなさんこんにちは。
tatsuyaです。
僕は台北と東京を拠点に、
SNSにておすすめグルメなどを紹介しています。

この本では、そんな台湾在住の僕が、
自らの足と人脈を使って探し出した
"感動するほどおいしい台湾グルメ"を
余すことなくまとめています。
SNSでは紹介していない、とっておきの店もたくさんあります。
とにかく味重視で店を選んでいるので、
この1冊さえあれば、あなたの台湾グルメ旅行が
最高のものになることをお約束します。

僕と台湾との出会いのきっかけは、
台湾人女性との出会い、そして結婚でした。
結婚を機に、長期で台北に滞在することも増え、
現地の語学学校で中国語を学びながら、
毎日ローカルグルメを食べ歩いていました。
台湾は外食文化ということもあり、
本当に数えきれない程の飲食店があります。

現地の方と会話すると毎回美食の話になり、
そこでおいしい店情報を仕入れては訪ねる、
という生活を繰り返していました。
食べ歩く中で、自分のお気に入りが見つかったり、
新しいグルメにもたくさん出会ったりと、
どんどん台湾の魅力にハマっていきました。

ガイドブックにのらない
最新のファインダイニングやカフェなどもチェックするようになり、
台湾の食の奥深さを知りました。
やがて現地の美食家やシェフ、
飲食経営者たちとの繋がりも増え、
普段表には出ないプライベートレストランにまで
たどり着くことができました。

そんな知られざる台湾の魅力を伝えるため、
SNSで投稿を開始。そしてそれが高じて今回、
書籍出版のお話を頂けたことは大変嬉しく、
改めて情報発信をしていてよかったと思います。
いつもSNSをフォローしてくれているみなさまに、
この場をお借りして、心より感謝申し上げます。

ぜひこの本を片手に、
何度でも台湾を訪れて頂けると嬉しいです。
一緒に台湾グルメの旅に出かけましょう！

最後に、いつも裏で支えてくれている妻にも
感謝の言葉を述べさせてください。

謝謝！

tatsuya

CONTENTS

はじめに 2

PART 3

一度は行きたい
台湾トップレストラン

PART 4

話題の
ティーサロン／カフェ／バー

PART 5 エリア別グルメガイド

新北
台北
台中
嘉義
台南
高雄

PART 6 About 台湾

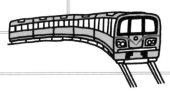

COLUMN

マークの見方

🏠 住所　📞 電話番号　🚩 店へのアクセス

🕐 営業時間　⊘ 定休日　**CARD** クレジットカード

＊QRコードの上にあるのは巻末の台北MAPの番号です。
例) 124 **A** A2 → P124にある **MAP A** のA列2段エリアにある

＊站、車站は駅のことです。

＊本書に掲載されている情報は2024年4月現在のものです。
店舗、レートなどの情報は変更となる場合がございます。

PART 1

僕の
お気に入り

これまで食べ歩いた1000軒以上の中から、
特におすすめしたい店をご紹介。
ちょっと贅沢したい時の店から
ローカルフード店、カフェなど、
ジャンルごとに1軒ずつ厳選！

プライベート
レストラン
Private Restaurant

台湾で本当においしいレストランは、一般には予約を
受け付けない"プライベートスタイル"というものが
実は多い。この店は、その中でも
トップクラスに予約困難なことで知られている。

シー　シャン　フォン　ミエン　グワン
喜相逢麵館

🏠 台北市內湖區東湖路106巷7弄3號

📞 非公開　🚇 MRT 東湖站から徒歩6分

🕐 11:00〜14:00／17:30〜21:00　⊘ 不定休

123

油麵は白い麵にネギ、上から醬油、熱したオリーブオイ
ルをかけていただくシンプルな料理。香りもとてもいい。

昆布や海鮮で出汁を取った濃厚なスープ。

　台湾人の中で、人生で一度は食べたいといわれる伝説の台湾料理、台北の東湖（ドンフー）に位置する「喜相逢麺館」。少しでも食に興味がある人なら、「行ってみたい！」と必ず憧れる店の1つだ。

・体に悪いものは一切使わない
・油はすべてオリーブオイルを使用
・伝統的な大皿料理をフレンチのように綺麗に魅せる

　という、シェフのこだわりがとにかくすごい！ 料理に使うのは、台湾各地や日本などから集めた、超一流の食材たち。体に悪いものは一切使わず、料理で使用する油は高級オリーブオイルのみ。中国本土の影響を受けつつも、台湾独自の発展を遂げた台湾の伝統的な大皿料理をまるでフレンチのように美しく魅せるなど、これまでの台湾料理の概念を覆される品々に圧倒されるはず。かなりの品数が出るにもかかわらず、油っぽさや重さは全く感じられず、余裕で食べられてしまう。

　締めは名物の「油麺（イョー ミエン）」。実はこの店が昔、"麺屋さん"だった時からあるメニュー。これが信じられないくらいおいしい！

　肝心の予約方法は、プライベートスタイルのレストランなので、誰かから紹介してもらう必要がある。台湾人のフーディーと仲良くなるか、僕と仲良くなるか……（笑）。予約のハードルはとても高いけれど、こんなに素晴らしい台湾料理が存在することを、日本の人にも知ってもらいたい！ 僕の一番おすすめの店だ。

ファイン ダイニング

Fine Dining

台湾のファインダイニングシーンを牽引する
シェフの1人は、実は日本人。
「台湾×日本×フレンチ」を融合した品々は、
毎回驚きと感動の連続。

14

logy

🏠 台北市大安區安和路一段109巷6號1樓
📞 非公開　🚇 MRT信義安和站から徒歩4分
🕐 17:00～19:30／20:00～22:30
⊘ 月火　CARD ○

125 🔲 E2

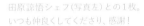

田原諒悟シェフ（写真左）との1枚。
いつも仲良くしてくださり、感謝！

『ミシュランガイド台湾2023』によると、台湾には現在44軒のミシュラン星付きレストランがあり、その数は年々増えているそう。ここ、台北にある「logy」もミシュラン2つ星。そして、台湾で僕の一番好きなファインレストランでもある。

この店のシェフは、実は日本人。2018年末、東京の名店「Florilège」出身の田原諒悟シェフが単身台湾に渡り、一から作り上げた。「Florilège」の姉妹店的な立ち位置ともいえるこの店は、オープン後、すぐにミシュランの星を獲得し、翌年には2つ星に昇格。その後、「アジアのベストレストラン50」にも選ばれるなど、台湾を代表するファインダイニングの名店になっていった。

とにかくシェフの田原さんが天才で、例え

ば日本の茶碗蒸しをフレンチの技法や台湾の漢方食材なども使いながら表現した料理は、食べると台湾料理を感じられながら、日本の食の繊細さ、そしてフレンチのクリエイティビティも堪能できる。

2023年冬のメニューでは、杏仁豆腐（シンレンドウフ）をアイスとお茶のゼリーで表現（写真右下）。台湾人にとって好みが分かれる杏仁豆腐の食感をアイスで平均化し、そこにお茶のゼリーで台湾のエッセンスを加えるなど、何度通っても驚かされ、飽きることがない。

店内はコの字型の大きなカウンターがメインで、個室が1室。予約困難店だけど、ネットから予約が可能。ここの料理を食べるために台湾に来るべきといってもいいほど、おすすめしたい店だ。

小籠包や滷肉飯などに並び、
台湾のローカルフードを代表する1つである牛肉麺。
まるで友達の家に遊びに来たような気楽さで
絶品の牛肉麺を食べることができる。

ラオ　ヤン　ザイ　アー　ロウ
老楊在二樓

🏠 台北市松山區新中街9號二樓

📞 非公開　🚇 MRT南京三民站から徒歩15分

🕐 12:30～14:30／18:30～20:30　❌ 日月

127 Ⓒ E1

キッチンに立つオーナー。とんでもなくおいしいこの牛肉麺が、部屋に据えられた一般的なキッチンで生まれるだなんて驚きだ。

「ここの牛肉麺を食べると、他の店のものが食べられなくなる」といわれるぐらいおいしく、僕も一口食べて、衝撃を受けた牛肉麺の専門店がある。

場所は台北にある、いかにもローカルなマンションの2階。ここにオーナーの自宅兼店舗がある。内装はめちゃくちゃおしゃれな普通の家。もともと雑誌の編集者だったオーナーが趣味で作っていた牛肉麺だったが、あまりにもおいしいと評判となり、ついに自宅でお店を始めるに至ったという。

店内は四角いテーブルが1卓、メニューは牛肉麺と副菜2品（僕が訪れる時は大体キャベツとキムチ）で320元（約1,500円）のセットのみで、飲み物は置いていない。商売っ気がない

のか、単に面倒なのか、飲み物は好きなものを持ち込んでいいそうだ。

僕はいつも初めて会うお客さんと一緒に持ち込んだワインを楽しみながら、副菜のキャベツとキムチをつまむのが定番となっている。

さて、肝心の牛肉麺。透き通ったスープにまず驚く。なんとプーアール茶をベースにしているらしく、すっきりしつつも味わい深い。柔らかい牛肉と細麺がマッチし、めちゃくちゃおいしい。麺は細い方が喉越しもよく、スープと絡みやすいそうだ。

常に数ヶ月先まで予約が埋まっている人気店だけど、それでも食べる価値があると思う。予約については、Instagram（@yangerlou）のDMから問い合わせを。

カフェ

Café

台湾では今、コーヒーがあつい。
そんな台湾の中でも抜群においしいコーヒーが
飲めるカフェ。雰囲気も最高で
僕の一番お気に入りのカフェだ。

D TWENTY THREE

D23 Coffee 大直店

ダー ヅーディエン

🏠 台北市中山區明水路397巷7弄46號
📞 02-2533-8599　🚩 MRT 大直站から徒歩7分
🕐 9:30〜17:30　⊘ なし　💳 ○

122

若き天才であるオーナーのDavid。いつもふざけているけれど、コーヒーを淹れる時は誰よりも真剣でかっこいい。

台北で本当においしいコーヒーが飲みたいなら、この店を紹介したい。大直（ダーヅー）という落ち着いたエリアの住宅街に位置するこの店の名前は「D23 Coffee 大直店」。場所が全く観光地じゃないから、観光客はほぼいない。ただ、コーヒー好きにはよく知られている店で、いつも地元の常連さんや愛好家達で賑わっている。

店名の「D23」は、オーナーのDavidが23歳で店を開いたことに由来しているそうだ。Davidは焙煎の才能があり、自家焙煎している浅煎りのコーヒーは、台北でも一二を争うレベルだといわれている。

おすすめは色々な種類の豆から選べるドリップコーヒー。台北の夏はとにかく暑いので、夏場はキンと冷えたアイスのドリップコーヒーや、レモンが効いたシシリアコーヒーも僕のお気に入り。食事メニューやデザートはないけど、店の雰囲気も心地良く、ついゆっくりしてしまう。

そういえば、最近Davidは新しい焙煎機を購入したらしい。そして、その置き場所（焙煎所）も兼ねて、2023年12月に中山（ジョン シャン）エリアに2号店をオープン。小さな店舗だが、カウンター席と気持ちの良いテラス席がある、最高にモダンなコーヒースタンドだ。

座ってゆっくり過ごしたいなら大直の本店へ、街遊びのスケジュールに組み込むなら新店舗のコーヒースタンドへと、使い分けるのもいいかもしれない。

スイーツ
Sweets

台湾のスイーツといえば、
鳳梨酥（パイナップルケーキ）、豆花、雪花冰（かき氷）……。
しかし、最近は伝統を超えた、革新的な店も増えている。
最新のスイーツシーンを体験したいならこの店！

栗林裏 **Li Lin Li**

🏠 台北市中山區北安路630巷25弄1號
📞 非公開　🚇 MRT大直站から徒歩9分
🕐 12:30〜14:30／15:30〜17:30／19:30〜21:30
⊘ 火水　CARD ○

122

オープンキッチンのため、目の前でデザートが作られて
いく様子はもちろん、シェフとの会話も楽しめる。

台湾のアシェットデセール界に現れた新星、
台北の大直(ダー ヅー)エリアにある「栗林裏
Li Lin Li」。通常、デザートはコース料理の最
後を彩るものだが、こちらは台湾産のフルー
ツを使った「デザートのみのコース料理」を
提供するレストランだ。

シェフとスーシェフはもともと台湾のミシュ
ラン1つ星店(2024年現在)「MUME」で働いて
いた。コロナ禍を機に独立し、この店をオープ
ンするや否や、そのレベルの高さが話題となり、

今では予約困難店に。店名の「栗林」は、シェ
フの故郷である台中市潭子區(タイ ジョン シー
タン ヅー チュー)の地名に由来する。

コースは8品から成る「tasting menu」と、
4品から成る「parfait set menu」の2つ。ど
ちらもコーヒーもしくは紅茶が付いてくる。店
内はカウンターのみで、台湾産の食材が目の
前で美しく、繊細なデザートに生まれ変わっ
ていく。新たな体験と感動が待っていること
間違いなしだ。

ティー
サロン
Tea Salon

若者のお茶離れといわれて久しい台湾。
最近ではこの店のような
手軽にお茶を楽しめるティーサロンが増え、
お茶の新しい魅力を発信している。

ザオ ザオ チャ ユエン
兆兆茶苑

🏠 台中市西區向上路一段79巷66弄22號
📞 04-2301-1222
📍 台中車站から車で12分
🕐 12:00〜18:00 ❷日 🆔○

美しい所作でお茶を淹れる様子に思わず見惚れて
しまう。お茶の香りも立ち上がり心落ち着く瞬間。

お茶菓子のペアリングコース。冷たい日本風の大福と共に。

カフェのような店内で、極上の台湾茶をカジュアルに楽しめる最高の茶藝館、「兆兆茶苑」。台北から新幹線で約1時間の台中（タイジョン）に位置している。実はこの店、台湾にある数多くの有名なファインダイニングやレストランにお茶を提供している有名店。シェフ達からの信頼も厚く、確かな目利きと焙煎技術がある……のだけど、僕がこの店を好きになったのは、知識がないと楽しめないという、堅苦しくなりがちなお茶の概念を変えてくれたことにある。

オーナーはお茶をもっと日常的に楽しんでもらうため、また、若い人でも気軽に入りやすいようにと、2階のスペースにまるでおしゃれなカフェのような空間を作った。そこでは友達同士で気軽にお茶を飲みながらおしゃべりを楽しめる。

真剣にお茶と向き合いたい時は、1階のカウンター席へ。優しく、親切なオーナーが目の前でお茶を淹れながら、そのお茶の説明を詳細にしてくれる。一杯ずつ丁寧に淹れられたお茶は、本当においしい！

お土産として売られているお茶も品質が高く、パッケージのデザインもセンスがあって可愛い。店を出る頃にはすっかりお茶の世界に魅了されているはず。

わざわざ台中まで足を延ばす価値がある茶藝館だ。

美食が集まる市場

雙城街夜市（スワン チェン ジュ イェ シー）の
西側の小路にある小さな市場。
地元民が通うローカルなこの市場やその周辺には、
ここでしか食べられない絶品グルメが集まっている。

晴光市場（チン グァン シー チャン）

老舗が軒を連ねる市場。飲食店のほか、
衣料品、靴などを売る店も多く、昼の12時
頃から人が増え始める。昔ながらのロー
カルな雰囲気を感じながら味わう料理は
格別。飲食店は日曜定休が多いので、訪
れる際はご注意を。

124 B1

🏠 台北市中山區農安街南側一帯
📍 MRT中山國小站から徒歩6分

黄記魯肉飯
<small>ホワン ジー ルー ロウ ファン</small>

　台湾を代表する滷肉飯（ルー ロウ ファン）の人気店が、この晴光市場エリアにある。店の前にはいつも人だかりができており、一見ローカルな雰囲気だけど、店内は綺麗だから初心者にもおすすめ。

　注文は席についてから、紙に書いて店員に手渡す。この店の滷肉飯は八角がしっかり効いた味付け。だけど、その味のバランスが絶妙だ。上にのっている漬物も嬉しい。

　中国語で「豬腳（ジュー ジアオ）」という、豚足もおすすめ。

🏠 台北市中山區中山北路二段183巷28號
📞 02-2595-8396　🕐 11:30〜20:30　⊘ 月

阿圖麻油雞（總店）
<small>アー トゥ マー ヨウ ジー（ゾンディエン）</small>

　僕が愛してやまない絶品の麺の店。ここは鶏のスープが有名なのだが、本当においしいのは「麻油麺線（マー ヨウ ミエン シェン）」。素麺のような麺に、特製胡麻油をかけただけの超シンプルな料理なのだが、お酒の香りが強くて、かなり衝撃的な味。

　とりあえず騙されたと思って食べてみて。そして1回目でハマらなくても、もう一度トライしてみてほしい。いくつか系列店があるけど、味に差があるので必ずこの本店で！

🏠 台北市中山區林森北路552-2號
📞 02-2597-7811　🕐 11:00〜22:00　⊘ 日

老晴光張媽媽切仔麵

ラオ チン グァン ジャン マー マー チエ サイ ミエン

晴
光
市
場

　日本ではほとんど食べられない台湾料理の1つ、絶品の「豬血湯（ジュー シュエ タン）」。豚の血の塊スープのことなのだが、これを食べられるのが晴光市場のローカルなアーケード商店街の中にある、50年以上の歴史を持つ老舗店だ。

　シンブルなスープの麺料理や豚の揚げ焼きなどもおいしいが、なんといってもここの豬血湯が絶品。大きめにカットされたプリプリの豬血は、全く臭みがない。

　豬血は、豚の血に水と塩を混ぜ、蒸して豆腐のように固めたもの。鉄分を多く含み、現地では老化の速度を抑えるといわれるほど栄養満点。見た目で敬遠されがちだけど、一度トライしてみてほしい。

🏠 台北市中山區雙城街12巷15號
📞 02-2591-6793
🕐 12:00〜18:30 ⊘ 日

金芝園

ジン ズー エエン

　現地の台湾人にリサーチしてたどり着いた、観光客がほぼ訪れないローカルな名店。ここの胡椒が効いて、サクサクジューシーな排骨飯（バイクゥファン）が本当においしい。

　排骨飯を頼むと、排骨とご飯が別々に提供される。最高なのが、ご飯の上に滷肉飯（ルー ロウ ファン）の具と副菜がデフォルトでのっていること。それなのに、これで105元（約500円）という、コスパのよさ。

　古き良き雰囲気の店で、本場の絶品を味わってみて。

🏠 台北市中山區德惠街23號
📞 02-2591 2990
🕐 11:00〜15:00／17:00〜21:00
⊘ 日

中山對酌
ジョン サン ドゥイ ジョウ

　晴光市場近くのプライベートレストラン。ここが2023年末から提供しているベジタリアン台湾料理「台湾素食（タイワン スー シー）」がすごい。実は台湾人にはベジタリアンも多いのだ。

　ベースは広東料理。漢方を使ったスープやシンプルな野菜のスチーム、肉を使わない麻婆豆腐など、シンプルがゆえにシェフの力量が試される料理たち。食材は台湾各地で採れたもので、台湾にこんなにも素晴らしい食材があるのかと驚かされる。もちろん肉が入ったコースも選択可能。

 🏠 台北市中山區農安街31-2號　📞 02-2597-0720
🕐 12:00〜14:30／18:00〜21:00（日はランチのみ）　⊘なし　CARD ○

美食が集まる市場　晴光市場

脆皮鮮奶甜甜圈 晴光店
ツイ ピー シエン ナイ ティエンティエンチュエン　チン グァンディエン

　行列必至、大人気の台湾ドーナツ店。看板メニューのミルクドーナツ「脆皮鮮奶甜甜圈」以外にも、様々な味のドーナツが常時10種類ほど並んでいる。

　まずは定番のミルクドーナツがおすすめ。砂糖がかかった揚げ立てのミルクドーナツは、甘い香りが食欲をそそる。かじるとサクサクでふわふわ。全く油っぽくないので、いくらでも食べられそう。正直、1個じゃ足りない。

　食べ歩きにもおすすめだ。

🏠 台北市中山區雙城街17巷24號
📞 02-2550-9914
🕐 11:00〜19:30　⊘なし

27

PART **2**

地元民も通う
ローカルフード店

外食文化が盛んな台湾では、
3食外食で済ませるという人も少なくない。
麺線、滷肉飯、小籠包、鍋、朝ご飯など、
台湾らしさ満載のグルメを
ローカルな雰囲気漂う中で味わってみて。

麥面線
Oyster Vermicelli

カツオの出汁が効いたドロッとしたスープに、
日本の素麺のような細い麺が入った料理。
お気に入りの2店舗を紹介したい。

ミエンシェンチュアン チー
麵線傳奇

🏠 台北市中山區天祥路39號
📞 0918-233-118
📍 MRT 民權西路站から徒歩2分
🕐 8:00〜17:00 ⊘日

124 A B1

　台北No.1との呼び声も高い、いつも大行
列の超人気店。

　4テーブルほどしかない小さな店内。店頭
では、女性店主が手際よく麺線を茹でたり混
ぜたりしている。ちなみに、台湾では女性の
店主のことを「老闆娘（ラオ バン ニャン）」という。

　ミックスを意味する「綜合（ヅォン ハー）」に
は、定番の牡蠣とモツ、そして台湾風肉団子
である肉羹（ロウ ガン）が入っていて、上にパ
クチーをのせた王道スタイル。

　少し甘味があるスープは、しつこいほどで
はないが、にんにくが結構効いてるのでパン
チもある。とにかく具材たっぷりで、モツは噛
めば噛むほど旨味が出てくるし、牡蠣はプリ
プリ。「何でこんなにおいしいんだろう……」

と、思わず考え込んでしまう。

　テーブルにある黒酢、にんにく、特製のラー
油はお好みで。辛いのが大丈夫なら、特製
ラー油をたっぷりかけるのがおすすめ。台湾
に来たら外せない名店だ。

僕が台北で最も好きな麺線屋さんの1つ「黄金麺線」。MRT中山國中站（ヂョン シャン グオ ヂョン ジャン）から歩いて5分強。行列必須の麺線の名店だ。

ここの綜合（ヅォン ハー）には牡蠣、モツ、さいの目に細かく切られた肉が入っていて、とにかく具だくさん！上にはパクチーがのっている。

新鮮な牡蠣と、弾力のあるモツの食感が楽しい。モツは臭みが全くない！

テーブルに置いてある調味料で味変しながらいただく。黒酢、チリソース、にんにく、胡椒少々を全部入れて、よく混ぜたら僕好みの最高においしい麺線の出来上がり。特ににんにくは多めに入れるほうがおいしいので、匂いなんか気にせず台湾を全力で感じるべし。

ドロドロ過ぎるので、食べる時はスプーンを使って。もはやお菓子感覚。ちなみに、この店では小籠包（シャオ ロン バオ）も食べられるけど、麺線が有名すぎて食べたことはまだない……。

<ruby>黄<rt>ホアン</rt></ruby><ruby>金<rt>ジン</rt></ruby><ruby>麺<rt>ミエン</rt></ruby><ruby>線<rt>シェン</rt></ruby>

🏠 台北市松山區民權東路三段160巷15號
📞 0939-086-155　🚇 MRT中山國中站から徒歩5分
🕐 10:00〜19:00（土は18:30まで）　❌ 日

126 C1

牛肉麵
Beef Noodles

台湾の麺料理といえばこの牛肉麺も外せない。
提供されたまま食べるのもよし、店内に置かれた
セルフサービスの薬味で自分好みにアレンジしても。

PART 2

リャオ ジャー ニョウ ロウ ミエン
廖家牛肉麺
- 🏠 台北市大安區金華街98號
- 📞 02-2351-7065
- 🧭 MRT 東門站から徒歩9分
- 🕙 10:00～14:00 🚫 月

127 E4

『ミシュランガイド台北2018』のビブグルマンにも選ばれた名店。

　街の中にあるローカルな雰囲気漂う小さな店。回転は早いけれど座席数は少なく、店の前にはいつも行列ができている。

　台湾の牛肉麺には醤油ベースの少し辛い「紅焼（ホンシャオ）」と、さっぱりスープの「清燉（チンドゥン）」の2種類があるが、ここはその中間のような味。にんにくと生姜が効いていて、濃いけれどさっぱり。お肉は柔らかく煮込まれ、味がめちゃくちゃ染み込んでいる。細めのうどんのような麺とスープ、お肉が絡まってたまらない。

　路地裏にある隠れた名店。ここの牛肉麺は醤油ベースの「紅焼（ホンシャオ）」。このベースは、一般的には辛くて濃いのが特徴なのだが、ここのスープは辛さがなく、さっぱりとしていて重さを感じさせない。いけないとは思いつつ、全部飲み干してしまいそう。

　お肉はゴロッと大きいけれど、箸で挟むと崩れ落ちてしまうほど柔らかく、とてもおいしい。半熟卵のトッピングはマスト！ いつもどのタイミングで崩すか悩んでしまう。麺を半分ぐらい食べたら、いつもテーブルに置かれたオレンジ色の牛油を追加するのが僕の食べ方。スープにさらにコクが出て、これがまた、最高においしい。有名店の味に飽きた方にもおすすめしたい、お気に入りの店だ。

リン ジー ニョウ ロウ ミエン
林記牛肉麺
- 🏠 台北市大安區潮州街60巷5弄1號
- 📞 02-2393-0360
- 🧭 MRT 古亭站から徒歩3分
- 🕙 10:30～19:30 🚫 土日

127 E4

32

担々麺
Dan Dan Noodles

日本とも中国とも違う台湾の担々麺。
濃厚な胡麻のソースの味わいは
一度食べたらやみつきになること間違いなし。

美景紅油抄手
メイ ジン ホン ヨウ チャオ ソウ

🏠 台北市大安區忠孝東路四段97號B1
📞 02-2781-9004 　🚇 MRT忠孝敦化站から徒歩4分
🕐 11:00～20:30 　⊘ 土日月 　EABB○

125 🔵 D1

　台湾で一番おいしい担々麺の店が、台北大安 (ダー アン) エリアにある「頂好名店城 (ディン ハオ ミン ディエン チョン)」の地下一角にある。この地下街には飲食店のほか、衣料品店も多く並んでいるのだが、店があるのは地下のフードコートのような場所。席はカウンターのみで、常に行列ができている。

　台湾の担々麺は、日本人が想像するものとは全くの別物。濃厚な胡麻のソースに、ピーナッツパウダーがかかっていて、少し柔らかめの麺と混ぜながらいただく。どちらかというと、汁なし担々麺に近い。

　ソースと麺がねっとり絡み合い、鼻腔をくすぐるピーナッツの香りも豊かでたまらないおいしさ。ちなみに四川の担々麺とは違って辛みは全くないので、辛いものが苦手な人も安心してトライしてみてほしい。

　担々麺以外に、ワンタンに辛い油を和えた抄手も絶品。台湾に来たらここに立ち寄らずには帰れない。

陽春麵

Plain Noodles

麺とネギのみの超シンプルな麺料理。
汁ありか、なしかが選べる。

外国人やセレブが多く住むといわれる天母（ティエン ムー）に位置する「士東広場（スードン スーチャン）」内にある麺屋さん。この店で頼んでほしいのは、汁なしの陽春麵（ヤン チュン ミエン）。

シンプルさゆえに、本当においしい店を探すのが難しい陽春麵だが、ここのは麺の茹で加減、上にかけられた油のバランスなどが完璧。

他にもピリ辛で濃厚なソースの麻醤麵（マージャン ミエン）や肉料理などもおすすめ。

市場にはほかにも名店屋台が入っているから行ってみて！

ムー ジン ミエン タン
目鏡麵攤

🏠 台北市士林區士東路100號2樓
📞 02-2831-0499
🚇 MRT明徳站から徒歩18分
🕐 10:30〜15:00／17:00〜19:30 ⊘月

122

1950年創業の陽春麵（ヤン チュン ミエン）の名店。今は三代目の店主が店に立つ。夕方までしか営業しないので行列必至の店。

汁ありか汁なしが選べ、おすすめは汁ありの方。汁なしも油そばみたいな感じでおいしいけれど、僕はこちらの方が好み。味付けは割としっかりめで、日本でいうと塩ラーメンのような味わい。上に豚肉のスライスが大胆にのっている。

ちなみに、この店のもやしの塩茹でも、シャキシャキの食感と塩加減が絶妙。こちらもぜひ頼んでほしい。

アー ティエンミエン
阿田麵

🏠 台北市大同區赤峰街44巷20號
📞 02-2556-0927
🚇 MRT雙連站から徒歩3分
🕐 11:00〜16:00 ⊘土日

124 A B2

鴨肉麺・豆腐
Duck Noodles・Tofu

台湾人に愛される鴨肉や
ローカルな絶品豆腐料理も見逃せない。

台北、長安東路（チャン アン ドン ルー）沿いにある名前のない屋台。大通りの交差点に椅子とテーブルが並べられていて、車がビュンビュン走る横で食べる。そんな場所にあるこの店の名物は、鴨肉麺。

シンプルなスープに、鴨肉の甘く濃厚な旨味が染みていて、びっくりするくらいおいしい。街の喧騒の中、汗をかきながらすするのが最高。

店には名前がないので、みんな"無名鴨肉麺"と呼ぶ。台湾では、おいしければ店の名前なんて必要ないのだ。

無名鴨肉麺
ウー　ミン　ヤー　ロウ　ミエン

🏠 台北市中山區長安東路二段33號
📞 02-2561-8469
🚇 MRT松江南京站から徒歩7分
🕐 10:30～19:00 ⊘土日

124 C3

台湾には数え切れないほど「小吃店（シャオツー ディエン）」と呼ばれるローカルフードの店がある。その中でもトップレベルにおいしいと思うのがこの店。豆腐料理や麺料理など、何を食べても感動するほどおいしい。

絶対に頼んでほしいのが、ここの豆腐。特製のソースに絡めて食べる、台湾ならではの豆腐料理なのだが、ここよりおいしい豆腐は食べたことがない！

細い春雨を使用したビーフンスープも、薄味ながら飽きのこないおいしさ。ほか、何を頼んでも外れなし。

阿妹麺店
ア　メイ　ミエン ディエン

🏠 台北市中正區南昌路二段105號
📞 02-2364-4732
🚇 MRT古亭站から徒歩2分
🕐 7:00～15:00（土は14:45、日は13:30まで）
⊘月

127 D4

日本でも人気の高い滷肉飯。
香り豊かな香辛料の風味を楽しんで。

温泉で有名な北投（ベイトウ）にある市場。その中でも一際行列が目立つのがこの店。

　名物の滷肉飯（左写真）は濃厚で、少し焦がした感じもたまらない。だけど、ご飯にちょっとのせてあるだけなので、追加で頼んでほしい隠れた名メニューがある。それが豚スネ肉の煮込み「紅燒蹄膀（ホン シャオ ティー パン）」。柔らかく深みがあり、噛むと旨味が口内に広がる。これをぜひ滷肉飯の上にのせて食べてほしい。わざわざ北投に来る価値があったと思うに違いない。

矮仔財滷肉飯
アイ　ジ　ツァイ　ルー　ロウ　ファン

🏠 台北市北投區磺港路 33號樓 433號
📞 0932-386-789
📍 MRT 北投站から徒歩7分
🕐 7:00〜13:00　⊘ 月木

122

　台北車站近く、大稲程エリアの小さな路地に入った所にある行列必至の人気店。ローカルな雰囲気のあるエリアだけど、店自体は改装されていて綺麗で清潔。席についたら、レジまで行って注文をして先払いする。

　名物の滷肉飯は、濃厚な肉がたっぷりのっている。さらに半熟の目玉焼きをトッピングすると、めちゃくちゃ合うので必須で頼んでみてほしい。ほかに、豚足もおすすめだ。

大稲埕魯肉飯
ダー　ダオ　チェン　ルー　ロウ　ファン

🏠 台北市大同區長安西路220巷17號
📞 0988-054-825
📍 台北車站から徒歩6分
🕐 11:30〜20:00　⊘ なし

124 A2

富覇王豬脚
<small>フー バー ワン ズー ジャオ</small>

一度食べたら忘れられない激旨豚足の店……なのだが、ここの滷肉飯もめちゃくちゃおいしい。細かく刻まれたプリップリの豚皮に、タレがしっかり染み込んでいて最高！

名物の豚足は、数ある部位の中でも豚の太もも部分を使った腿扣（トゥイコウ）が一番人気で、開店から30分で売り切れるほど。ぜひ味わってみて。

🏠 台北市中山區南京東路二段115巷20號
📞 02-2507-1918
🚇 MRT 松江南京站から徒歩2分
🕐 11:00～19:30　⊘ 日月

126 A2

阿英滷肉飯
<small>アー イン ルー ロウ ファン</small>

観光客には知られてない名店。店内に「中瘋滷肉飯（ヂョン フォン ルー ロウ ファン）」と大きく書かれている。中瘋は「中毒」の意味。

ここの滷肉飯の特徴は、ご飯の下に敷かれた半熟の卵焼き。味が濃くてコッテリ系の肉に、卵を混ぜながら食べるのが旨すぎる。

なお、店員の態度が良くないことでも有名。ぶっきらぼうな対応をされても、焦らないで。

🏠 台北市大安區溫州街74巷5弄1號
📞 02-2368-9927
🚇 MRT 台電大樓站から徒歩6分
🕐 11:30～13:00／17:00～19:00　⊘ 土

127 E4

三元號魯肉飯
<small>サン ユエン ハオ ルー ロウ ファン</small>

地元の台湾人に愛されていて、なんとなく「みんなの食堂」みたいな、良い雰囲気の店。

ここの滷肉飯は脂身の少ない部位である瘦肉（ショウ ロウ）を使っているのであっさりめ。でも八角はしっかり、コクもあってめちゃくちゃおいしい！青菜や台湾風の肉団子スープ「肉羹（ロウ ガン）」と一緒に食べると、よりおいしいのでおすすめ。

🏠 台北市大同區重慶北路二段11號
📞 02-2558-9685
🚇 MRT 中山站から徒歩8分
🕐 9:00～21:00　⊘ なし

124 A2

37

小籠包
Xiao Long Bao

有名店の小籠包もおいしいけれど、
僕がおすすめするのは、
夜のみオープンする特別な店。

ジェン ハオ シエン ロウ シャオ ロン タン バオ
正好鮮肉小籠湯包

🏠 台北市大安區通化街57巷6-1號（通化街夜市内）
📞 02-2707-6005　🚇 MRT信義安和站から徒歩6分
🕐 17:00〜23:00　⊘ 火

125 ⑧ E2

　知る人ぞ知る台北の小籠包屋さん。台北の通化街夜市（トン ホァ ジエ イェ シー）のメインストリートではなく、1本脇道にある店。店内に数席と外にテーブルが1卓のみの小さな店だが、約20年の歴史を持つ隠れた名店。本店はネギの名産地「宜蘭（イー ラン）」にあるそう。昼間は営業しておらず、夜のみオープンする。

　メニューは小籠包、焼賣（シャオ マイ）、酸辣湯（サン ラー タン）のみという潔さ。一番人気はもちろん、宜蘭産のネギをたっぷり使った小籠包。注文したらセルフサービスで生姜と醤油を器に入れて、蒸し上がるのを待つ。

　皮はもっちりとしていて、中の餡にはネギがたっぷり練り込まれている。熱々のスープはネギの旨味が溶け込んでおり、ジューシー

で最高においしい。

　しかも値段は120元（約560円）だから、コスパも最強。定番の鼎泰豊（ディン タイ フォン）もおいしいけれど、ぜひ一度この店にも立ち寄ってみて。

我鵝肉
Goose

台湾では一般的な食材であるガチョウ肉。
街中ではしばしば専門店も見かけるほど。
肉厚で脂肪分が多く、味わいは柔らかくて
ジューシー。台湾に来たら絶対に食べてほし

阿里港鵝的料理 Goose's Food

アー　リ　グアン　エ　デ　リャオ　リ

🏠 台北市中正區南昌路一段145號

📞 02-2392-3325　🚇 MRT 中正紀念堂站から徒歩6分

🕙 10:00〜20:00　⊘日

127 E D4

「台湾で一番好きな肉は？」と聞かれたら、おそらく鵝肉（エー ロウ）と答えると思う。鵝肉とはガチョウ肉のこと。日本では食材として馴染みがないため、台湾に旅行に来て食べる機会があったとしても結局敬遠されがち。でも鵝肉こそ、台湾で絶対食べてほしいローカルフードの1つなのだ。

この店は色々食べ歩いた中でも今、一番おいしいと思う鵝肉専門店。鵝肉は塩茹での「白切（バイ チエ）」と燻製の「煙燻（イェン シュン）」の2種類から選べて、大人数なら2種類とも注文するのがおすすめだけど、どちらか1つならまずは白切を。部位も選べて腿部（足の部分）が特においしい。

プリプリの皮と弾力のある肉。とにかく肉

の旨味が凝縮されていて、意外に油っぽくないし、鶏肉ほど飽きもこない。そしてそんな鵝肉と一緒に食べてほしいのが、白ご飯に鵝肉の油を回しかけた鵝油拌飯（エー ヨウ バイ ファン）。この上に鵝肉をのせると、いくらでも食べられる気がする。

金鍋
Hot Pot

台湾では季節を超えて様々な鍋料理を
食べることができる。僕が好きな2つを紹介したい。

PART 2

フー ドン ニョウ ロウ グワン
湖東牛肉館

🏠 高雄市湖內區中山路一段107號
📞 07-693-0466 　🚉 大湖站から徒歩3分
🕐 9:30〜13:30／17:00〜20:30（火はディナーのみ）　❷月

　台南から少し高雄（カオ ション）の方に行っ
たところに、どうしても紹介したい超絶においし
しい牛肉鍋（ニョウ ロウ グオ）の名店がある。
ちなみに牛肉鍋は台南や高雄など、台湾の南
の地域の名物料理。

　とにかく予約の取れない人気店で、牛肉鍋
を食べ慣れている地元民ですら、この店は別
格だそう。そして、これが面白いシステムなの
だが、予約時にとりあえず何皿牛肉を食べる
のか決めなければならない。オーナーがその
日に良いと思った肉を仕入れるので、どんな
部位が出てくるかは当日のお楽しみ。

　出されるのは、どの部位も全く脂こくなく、
最高に新鮮な赤身肉。たっぷりの野菜で出汁
をとったスープに、牛肉をサッとくぐらせて特

製のタレをつけていただくと、感動するほどお
おいしい。

　ちなみに、この店では滷肉飯（ルー ロウ ファ
ン）がなぜか
食べ放題。牛
肉鍋の締め
にご飯も入れ
られるので、
雑炊で締め
たい時は食
べ過ぎ注意。

40

台北で本格的な牛肉鍋（ニョウ ロウ グオ）が楽しめる話題の店。台南出身のJay社長（写真左下）こだわりのスープはリンゴが隠し味。甘めでコクがあって、とてもおいしい。お肉はもちろん新鮮な台湾国産牛！

一品料理もおすすめで、特に牛肉炒泡麺（ニョウ ロウ チャオ パオ ミエン）は、カップラーメンのような麺を牛肉とにんにくで炒めたピリ辛なそばで、絶品。

アルコールも豊富なので、飲みながら楽しく過ごせる店だ。

民生輝溫體牛肉火鍋
ミン シエン フエイ ウェン ティ ニョウ ロウ フオ グオ

🏠 台北市大安區延吉街137巷28號

📞 02-2778-5898　🚇 MRT國父紀念館站から徒歩2分

🕐 12:00〜15:00／17:30〜22:00

　（月はディナーのみ）

🚫 なし

`125 B E1`

台湾の隠れた名グルメ「酸菜白肉鍋（スワン ツァイ バイロウ グオ）」は、発酵させたすっぱい白菜を使ったすっぱい鍋。日本人も多く訪れる有名店で、僕も酸菜白肉鍋ならここが一番好き。

まずは15種類の調味料からタレをカスタマイズ。迷ったら、とりあえず全部入れるのが正解。好きな具材を一通り入れたら、最後に薄切りの豚肉を。このすっぱさが食欲をそそる！さっぱりしているので、夏でもおすすめの鍋。

炒めた酸菜を燒餅（シャオ ピン）に挟んだ「燒餅夾酸菜（シャオ ピン ジャー スワン ツァイ）」も注文必須。

圍爐
ウェイ ルー

🏠 台北市大安區仁愛路四段345巷4弄36號

📞 02-2731-3439

🚇 MRT忠孝敦化站から徒歩4分

🕐 11:30〜14:00／17:30〜21:30

🚫 なし `CARD` ○

`125 B E2`

朝ご飯
Breakfast

台湾グルメの楽しみの1つ、朝食。
ぜひ地元民と一緒に味わってみて。

台湾で一番好きな豆漿店が、ここ！ ローカルな歴史ある店。豆漿とは豆乳のことで、この店の焦がした味のする、しょっぱい豆乳「鹹豆漿（シェン ドウ ジャン）」が最高においしい。この味は絶対に台湾でしか味わえない。トッピングにラー油を入れて飲むのが僕のおすすめ。店のおじいちゃんが一つひとつ丁寧に焼いている中華風ミートパイ「肉餅（ロウビン）」も絶品。

チン ダオ ドウ ジャン ディエン
青島豆漿店

🏠 台北市中正區杭州南路一段139-3號
📞 02-2393-4958
🚇 MRT 東門站から徒歩6分
🕐 5:30〜11:30 🚫 日

127 **E** E3

夜から翌日の朝まで営業する豆漿の名店。

豊富なメニューの中で絶対に食べるべきなのが、焼餅油條（シャオ ビン ヨウ ティアオ）。焼餅という中華パンに、油條という揚げパンを挟んだ"パン in パン"であり、台湾定番の朝ご飯。こんなにサクサクでおいしい焼餅油條はなかなか食べられない。卓上にある特製のソースをつけたり、たまに豆漿に浸したりしながら食べてもおいしい。

朝食はもちろん、飲んだ後の深夜の締めにもおすすめ。

ダー タイ ベイ ドウ ジャン ダー ワン
大台北豆漿大王

🏠 台北市中正區汀州路一段97號
📞 02-2305-5788
🚇 MRT 小南門站から徒歩13分
🕐 18:00〜翌10:30（土日は翌11:00まで）
🚫 なし

126 **D** C4

台湾は外食文化だから、朝ご飯専用の店もたくさんある。中でもここは若者が経営していて、台北で一番おしゃれで洗練されている店。

いつも僕が頼むのは、朝ご飯の定番の蛋餅（ダンビン）とピリ辛のチキンバーガー（なぜか台湾人は朝からハンバーガーを食べる）。蛋餅とはクレープのような小麦粉を焼いた生地で、卵などの具を巻いたもの。どちらもすごくおいしい！

「Slow morning」という店の名前の通り、お昼すぎまでやっ⋯⋯いるから、少し⋯⋯りした台北⋯⋯を過ごすの⋯⋯な店。

慢慢早 Slow mo⋯

マン　マン　ザオ

- 🏠 台北市中山區北安路813號⋯
- 📞 02-2533-9233
- 🚩 MRT剣南路站から徒歩1分⋯
- 🕐 6:00〜13:30（土日は7:00〜⋯

本に飽きたら──

WANI BOOKS

NewsCrunchへ

©WANI BOOKS

来たら食べてほしいローカルフード台湾式おにぎり「飯糰」。ここは朝からできる、台北で一番おすすめの超人⋯

白米（バイミ）と紫米（ズミ）から選⋯おすすめは雑穀米である「紫米」。⋯としても注目されていて、とてもおいしい！

日本のシンプルなおにぎりとは異なり、中に漬物や肉のふりかけの肉鬆（ロウソン）、揚げパンの油條（ヨウティアオ）を入れて、完成。サクサクコリコリと、色んな食感と味が楽しめて激旨。

劉媽媽飯糰

リョウ　マ　マ　ファントァン

- 🏠 台北中正區杭州南路二段88號
- 📞 02-3393-6915
- 🚩 MRT古亭站から徒歩4分
- 🕐 5:10〜11:30　⊘月

127 上 D4

肉包子
Meat Bun

片手で手軽に食べられる肉まん。
観光のお供に、色々試してみて。

台北のノスタルジックな街「迪化街（ディホ
ァジェ）」にある、個人的に台湾でNo.1の肉包
子（ロウ バオ ズ）。

しかも1個25元（約100円）という安さなの
で、近くに来ると必ず買ってしまう。

熱々の肉まんは、ふわっふわの皮に、たっ
ぷり具が詰まっている。味は胡椒がピリッと効
いた甘辛味。やっ
ぱり出来立てが
最高なので、す
ぐにかぶりつい
てほしい。

肉まんを片手
に、迪化街を散
歩するのもおす
すめだ。

妙口四神湯 包子專賣店
ミャオ コウ シイ シェン タン バオ ズ ジュアン マイ ティエン

🏠 台北市大同區民生西路388號
📞 0970-135-007
🚇 MRT大橋頭站から徒歩16分
🕐 11:30～17:00 ❷月

124 A2

朝ご飯にもおすすめの、ローカルな肉包子
（ロウ バオ ズ）専門店。店先からは、いつもおい
しそうな湯気が上がっている。人気店なので
お昼には売り切れてしまうことや、並ぶことも
しばしば。

肉まんは、野菜と肉の2種類から選べる。野
菜はあっさりした味わいで、朝ご飯にもってこ
い。肉は旨味がしっかり感じられる濃いめの味
付け。やや小ぶりのサイズなので、いくらでも
食べられる気が
する。

この店の酸辣
湯（サン ラー タ
ン）もおすすめ。ぜ
ひ肉まんと一緒
に食べてみて。

康樂意小吃店
カン ラー イー シャオ ツー ディエン

🏠 台北市中正區汀州路二段46號
📞 非公開 🚇 MRT古亭站から徒歩8分
🕐 7:00～13:00 ❷日

127 D4

ビーフバーガー
Beef Burger

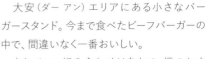

わざわざ台湾で食べるべき、
絶品のビーフバーガーを2つ紹介。

大安（ダーアン）エリアにある小さなバーガースタンド。今まで食べたビーフバーガーの中で、間違いなく一番おいしい。

肉とパンの組み合わせは自由で、僕のおすすめは「ローストビーフ×チャバタ」。トロけるようなアメリカ産のローストビーフで、味付けは少し辛め。結構ボリュームがあるのに、余裕で食べられてしまう。

聞けば、シェフのお父さんが牛肉の輸入業をやっているのだとか。どうりでおいしいはず。ちなみにここの羊肉のローストも最強。

Fa Burger

- 台北市大安區大安路一段172號
- 02-2325-5807
- MRT大安站から徒歩7分
- 11:00〜19:00 なし

125 D2

アメリカ人が経営する絶品のビーフバーガー店。ミズーリ州から来たシェフが開いた店で、内装も完全にアメリカン。

スモークスペアリブがメインの店なのだが、おすすめはビーフブリスケットバーガー。燻製の香りがするアメリカンビーフはとにかく柔らかく、少しピリ辛なソースも相まって悶絶もののおいしさ。バンズも柔らかくて全体的にふわふわ食感。

店員さんが手袋をくれるので、汚れを気にせずかぶりつけるのも嬉しい。

Bogart's Smokehouse Taipei

- 台北市南港區南港路一段255號
- 02-2785-2217
- MRT南港展覧館站から徒歩10分
- 11:30〜19:00（日は16:00まで） 月

123

台北おすすめ夜市

台湾で外せない観光スポットといえば、夜市！
飲食店はもちろん、衣料品からエンタメまで揃い、
夜遅くまで賑わっている。
ここでは、僕の好きな夜市を3つご紹介！

遼寧街夜市
（リャオ ニン ジエ イエ ジ）

ビジネス街に位置する小さな夜市。レストランや屋台も多く立ち並び、夕方以降は屋台の軒先で仲間とワイワイ楽しむビジネスマンの姿も。その様子はまるで日本の居酒屋のよう。一方で昼から開いている飲食店も多く、お昼時にも列を見かける。

🏠 台北市中山區長安東路から朱崙街の入口まで

🚇 MRT南京復興站から徒歩7分

126 B2

格登炸雞
（ガー デン ジャー ジー）

台湾の人気屋台グルメの1つ、「炸雞」。台湾のフライドチキンのことなのだが、油が重くて実はあまり好きではない。

でも、ここのフライドチキンだけは特別。油っぽくなく、衣もふわふわでサクサク。しっかりめの味付けでめちゃくちゃおいしい。

骨なしの雞塊（ジーカイ）の方が食べやすいけど、手羽先の雞翅（ジーシー）の方がおすすめ！すぐに売り切れるので早めの購入を。

🏠 台北市中山區遼寧街65號

📞 0925-033-855 🕐 18:00〜23:00 ⊘日

蘭芳麺食館
ラン ファン ミエン シー グワン

　辛いもの好き必見の絶品激辛麺の店。店内は清潔感があって利用しやすい。

　名物は、「蘭芳小麺（ラン ファン シャオ ミエン）」。自家製のラー油と18種類の香辛料が使用されている特製の麺。辛さは3段階から選べるけど、1でもなかなかの辛さ。花椒（ホア ジャオ）の香りがとにかく良くて、一度食べ出すと箸が止まらない。

　ほかに、辛くない麺「雙醬麺（シュワン ジャン ミエン）」もおすすめ。

🏠 台北市中山區遼寧街95號
📞 02-2752-9611 🕐 11:00〜21:00 🚫 なし

小張龜山島
シャオ ジャン グイ サン ダオ

　ノスタルジックな雰囲気からは想像し難いけれど、釣り師のオーナーシェフによる台北一新鮮な海鮮料理が食べられる店。実は名だたる企業の社長やシェフたちも足繁く通うんだとか。

　名物の甘エビの刺身から、シンプルな蒸しエビ、そして運が良ければ出会える深海魚である地震魚（ディ ジェン ユー）はトロトロの白身で絶品！

　メニューはなく、店員と相談するスタイルなので、少しハードルは高め。

🏠 台北市中山區遼寧街73號
📞 0936-75-861 🕐 17:30〜23:30 🚫 日

南機場夜市
ナン ジー チャン イエ シー

店のほとんどを飲食店が占める夜市。かつて空港があったことから「機場」と名が付いたそう。最寄駅から距離があり、アクセスは悪いけれど、ミシュランビブグルマンに選ばれた店が多いなど、美食の宝庫！

🏠 台北市中正區中華路二段
307巷から315巷の間

🚇 MRT龍山寺站から徒歩17分

126 ① C4

來來水餃店
ライ ライ シュエイジャオ ディエン

台湾で餃子といえば水餃子の「水餃」のこと。台湾人のソウルフードでもあるので、みんな好みがあるけど、僕はこの店の水餃が一番好き。

味はキャベツの高麗菜（ガオ リー ツァイ）とニラの韭菜（ジョウ ツァイ）の2種類。でも、入店時に指定をしないと、すべてキャベツ味になってしまう。ちなみに僕はキャベツ味派。

モチモチの皮に、甘味のあるキャベツと豚肉の餡。軽いので何個でも食べられる。

🏠 台北市中正區中華路二段309巷9號
☎ 02-2305-1561
🕐 17:00〜23:00 ⊘ なし

湯包棧
タン バオ ジャン

南機場夜市にある、安くて最高においしい小籠包（シャオ ロン バオ）の店。その場で手作りされる小籠包は、皮が薄く、食べるとたっぷりの肉汁スープが溢れ出す。

小籠包の味は3種類。定番の鮮肉湯包（シェンロウタン バオ）のほかに、ヘチマが入ったさっぱり味の絲瓜湯包（スーガ タン バオ）、そしてヘチマとエビが入った鮮蝦絲瓜湯包（シェン シャ スー ガ タン バオ）。値段は90元（約320円）からと、リーズナブルだ。

🏠 台北市中正區中華路二段315巷22號
☎ 02-2305-8994
🕐 16:30〜23:00 ⊘ なし

華西街観光夜市

台北のパワースポット、龍山寺（ロン シャンスー）の近くにある夜市。飲食店は新鮮な海鮮や肉料理が有名である一方、ヘビやスッポン、ウツボなどを扱う飲食店も多く、他の夜市に比べると一際ディープな雰囲気が漂う。

🏠 台北市萬華區華西街1號
🚇 MRT龍山寺站から徒歩8分

126 D A3

小王煮瓜 Wang's Broth

『ミシュランガイド台北2023』のビブグルマンにも選ばれた、40年以上続く滷肉飯（ルー ロウ ファン）の名店。いつも店の前は大行列。

滷肉飯はもちろんのこと、同じ醤油ベースで煮込んだ一品料理も絶品。おすすめは滷白菜（ルー パイ ツァイ）や滷鴨蛋（ルー ヤー ダン）。滷肉飯と並び、看板メニューの豚肉のつみれとピクルスのスープの清湯瓜仔肉（チンタン ガ ズー ロウ）も外せない。滷肉飯片手に、色々頼んでみて。

🏠 台北市萬華區華西街17-4號
　攤位153號
📞 02-2370-7118
🕐 9:00〜20:00 ⊘ 火

源芳刈包

『ミシュランガイド台北2023』ビブグルマンに選ばれた台湾式ハンバーガー「刈包」の名店。

その場で作ってくれるので、生地が熱々でふわふわ。それに、煮込んだ分厚く柔らかい豚肉、シャキシャキのパクチーを挟み、ほんのり甘いピーナツ粉がかかっている。

甘さとしょっぱさが同居し、全くしつこさがない絶品のバーガー。ぜひその場で食べてほしい。

🏠 台北市萬華區華西街17-2號
📞 02-2381-0249
🕐 11:30〜20:00 ⊘ 月

PART **3**

一度は行きたい
台湾トップ
レストラン

紹介でしか予約がとれない
プライベートレストランや、
世界からも注目を集める
ファインダイニングをご紹介。
台湾食材と各国料理との組み合わせに
驚かされること間違いなし！

台湾では、本当に良いレストランは紹介制で
営業している店が多い。訪問の難易度は高いけれど、
うまく機会を得られたら最高の体験になるはず。

鄒記食舗
（ゾウ ジ シー プゥ）

🏠 台北市松山區復興北路313巷43號
📞 02-2546-5980
🚇 MRT中山國中站から徒歩6分
🕐 12:00～14:30／18:30～21:30
🚫 土日月

126 C1

　台北にある紹介制レストラン。同じく紹介制
の「喜相逢麵館（P12）」と2トップともいわれて
いる超予約困難店だ。中国出身の女性シェフ
が営むテーブル席2卓の小さな店の壁には、
各界の著名人のサインが書かれている。

　シェフが生み出す中国料理の数々はパンチ
がありつつも、全く胃もたれしない。どれも最
高においしいけれど、特に印象的だったのが、
最後の締めとして提供されたナズナの水餃子。
一口食べて衝撃が走るほど、世界で一番おい
しい水餃子だった。

　このおいしさを多くの人に味わってほしい
のだけれど、残念ながら店の予約は、知り合
いを通してしかできない。ただ、冷凍水餃子
のテイクアウトであればFacebookでの購入

も可能！ びっくりするくらいおいしいので、機
会を作ってぜひ試してみてほしい。

ぎっしりナズナが詰まっている。

M&CO

🏠 台北市松山區民生東路三段127巷6號1樓
📞 非公開　🔗 MRT 中山國中站から徒歩7分
🕐 18:00〜22:00　🚫 日月

126 **6** C1

　2023年8月に移転オープンしたプライベートレストラン。それまでは仮店舗で、1日1組限定で運営していたが、すぐに美食家の間で話題となり、今では予約困難な超人気店に。

　シェフはなんと、日本人の宮澤知敬シェフ。イタリアンをベースに、日本料理の要素も感じられる美しい料理の数々はここでしか食べられない。食材は台湾や日本のものが中心。決まったメニューはなく、毎回旬の食材でコースを組み立ててくれる。メインのステーキは毎回びっくりするくらい火入れがうまい。柔らかくて、口の中で肉汁が溢れる。その背景には宮澤シェフが鉄板焼き屋さんで長く経験を積んだことがあるそうだ。締めに出てくる名物のバスクチーズケーキは、購入も可能とのこと。

　美しい空間で、友人達と最高の時間が過ごせる貴重なレストラン。今は紹介制だけど、今後予約を開放する可能性もあるらしい。ぜひ今後にも注目していきたいレストランだ。

鍋をふるう宮澤知敬シェフ。

台湾のファインダイニングは各国の料理を
豊かな台湾食材を使って再構築したものが多い。
最近は日本人シェフが営む店も増え始め、
その活躍が話題となっている。

Ashin 阿鑫小料理
<ruby>阿<rt>ア</rt></ruby><ruby>鑫<rt>シン</rt></ruby><ruby>小<rt>シャオ</rt></ruby><ruby>料<rt>リャウ</rt></ruby><ruby>理<rt>リ</rt></ruby>

🏠 台北市松山區民權東路三段160巷19弄36號
📞 0919-655-468　🚇 MRT中山國中站から徒歩8分
🕐 18:00〜23:00　⊘日月

126 C1

　台湾でおいしい日本料理といえば、まず思い浮かぶのがここ。モダンで、BGMにジャズが流れるセンス抜群のカウンター割烹料理屋さん。料理はお任せコース1本のみ。決して台湾人の好みに寄せることなく、精細で食材本来の味を活かした素晴らしい料理を味わえる。

　オーナーシェフのAshinは、日本の食品会社に勤めたことをきっかけに、日本料理に目覚め、日本のレストランで修業を重ねたそうだ。魚や調味料などは主に日本産のものを使用し、大分のカツオの藁焼きが出てくるなど、日本料理の素晴らしさを体現している。一方、野菜類は台湾産が多く、日本と台湾では同じ野菜でも食感や風味が異なるため、これが料理の面白さに一役買っている。例えば、名物のとう

もろこしのかき揚げは、台湾産の方が味が濃く、皮が厚いので存在感が際立つ極上の逸品。

　ちなみに姉妹店であるトンカツ屋さん「KATSU」もオープン前から大行列の超人気店だ。

今、台湾で最も注目を集める焼鳥屋さん。『ミシュランガイド日本2023』で1つ星を獲得した大阪の焼鳥の名店「市松」が海外初出店した店だ。

シェフは弱冠23歳（2024年現在）の笠春介シェフ（写真）。明るく人懐っこい性格は言葉の壁を超え、すぐさま台湾人の心を掴んだ。台湾の地鶏をはじめ食材への探究心が強く、台湾と日本の塩を使い分けるなど、ここでしか食べられない極上の"焼鳥"を作り上げている。

なんと笠シェフは5歳から実家の焼鳥屋を手伝い始めたというから驚きだ。とんでもないキャリアと才能！

台湾の地鶏は弾力があり、香りも日本の鶏とは違う。ぜひ台湾に来たら食べてみてほしい。

世界から注目される日もそう遠くないので、予約が取れるうちに行っておくことをおすすめする。

名物の鶏肉をウイスキーで蒸し焼きにした、ミートパイサンド。

fumée

🏠 台北市中山區中山北路二段39巷3號B3
📞 非公開 🚇 MRT中山站から徒歩7分
🕐 17:30〜22:30 ⊘ 月 CARD ◯

124 A B2

ZEA

🏠 台北市大安區仁愛路四段300巷20弄5號1樓　125 ⑧ E2

📞 非公開　🚇 MRT信義安和站から徒歩6分

🕐 18:30〜22:30　CARD　○

　台湾人の妻を持つ、アルゼンチン出身のシェフJoaquin Elizondoが手がけるラテンアメリカ料理を提供するファインダイニング。「ZEA」とは、とうもろこしの学名を意味する。2022年5月のオープン以降、すぐさま美食家の間で話題になり、翌年にはミシュラン1つ星を獲得した。

　シェフはケータリング業を営む一家で育った。幼い頃に家で食べていた家庭料理、アルゼンチンやメキシコ、ペルーなどのラテンアメリカ料理を、豊かな台湾の食材を使って繊細な味わいのファインダイニングに昇華している。今まで食べたことがない新しい料理の数々。ワインや日本酒などを使ったアルコールペアリングも秀逸なのでおすすめだ。

　店内は限られた席数しかなく、木の温かみある大きなカウンターにテーブル席が1卓のみ。中庭にはシェフが育てるハーブガーデンが。雰囲気もどことなくラテンの要素があり、台湾にあってさらに異国を感じられる特別感があるのも魅力的だ。

シェフ自ら食材の説明を行ってくれた。

AKAME

🏠 屏東縣霧台郷古茶柏安街17巷8號
📞 非公開 　🚗 台南車站から車で1時間10分
🕐 18:00〜24:00 　🚫 月火

台湾原住民"ルカイ族"の兄弟が開いたレストラン。台湾南部で最も予約困難といわれるこのレストランは、屏東（ピンドン）の山奥、原住民の集落の中にある。

この店は、この村で生まれ育った兄弟が原住民の現状をもっと知ってもらうため、そして、この村に人を呼んで貢献するために、わざわざこんな山奥にDIYして開いたそうだ。

提供する料理は、ルカイ族の伝統的な料理をフレンチの手法で再構築した、唯一無二のもの。どれも本当に素晴らしく、メインの鹿肉や猪肉を食べている時は、原住民が狩りをしている姿が自然と思い浮かぶ。

なにせ辺鄙な所にあるので、お酒を飲むなら村の中にある家に泊まらせてもらうしかな

い。実はこの集落には、お金を払えば家に泊めてもらえるという、ホームステイのシステムがある。

原住民の家に泊まったのも、翌朝に食べた原住民のおじいちゃん特製の朝ご飯も、すべて含めて、かけがえのない「食体験」ができる。

原住民の家族写真。

NIBBON

🏠 高雄市鼓山區龍水二路9號
📞 07-586-9570　📍 美術館車站から徒歩8分
🕐 17:30〜20:00／20:30〜23:30
🚫 月火　[CARD] ○

　台北から新幹線で約2時間。2020年に高雄（カオ ション）にオープンした看板のない一軒家。東京・品川の「カンテサンス」で修業したMarsシェフが織りなす、高雄と日本の新鮮な食材を使ったジャパニーズフレンチ。奇跡的に予約が取れ、日帰りで行ってきた。

　もともとシェフが「BONBON」という名前のビストロをやっていて、日本で修業後「NIBBON」という名前に改名したらしい。

　コンセプトは、「有著東方臉孔・穿著和服・漫步在街道上的法國女子」。直訳すると「アジアの顔をした和服を来たフランス人女性が、ゆっくりと街を歩く」。これだけ聞くとよくわからないけど、なぜか食べると納得できてしまうのが面白い。とにかくすべてが繊細で、悶絶

もののおいしさ。

　毎回料理に合わせて、スタッフから映画のワンシーンのようなストーリーが伝えられ、食べると本当にその情景が目に浮かぶ。予約が取れるなら毎月来たいくらい。一度は訪れるべきレストランだ。

台湾出身の世界的シェフである Andre Chiang（写真）が手掛ける台湾を代表するレストラン。ミシュラン常連で、2023年は2つ星。さすがは世界レベルというべきスケールの大きな店内。

毎シーズンごとにテーマが決まっていて、料理だけでなく、音楽から内装、メニューまで、何から何まで作り込みがとにかくすごい。ある時は、パリコレモデルのコーチを雇って、スタッフの歩き方から指導したそうだ。

毎回パーティに参加しているような、非日常を味わうことができる。

RAW

🏠 台北市中山區樂群三路301號1樓 　📞 02-8501-5800
🧭 MRT 劍南路站から徒歩7分
🕐 11:30〜14:30／18:00〜22:00
🚫 月火　[CARD] ○

122

日本の「龍吟」をはじめ、世界中の名店で修業を重ねたカナダ出身のJeffrey Downsシェフによるフレンチレストラン。2020年6月にオープンし、2022年にはミシュラン1つ星を獲得した。

この店の魅力の1つは、ガラス越しに外からでもわかるほどの素敵な雰囲気。洗練された空間で、特別なフレンチを楽しめる。

最近のファインダイニングは、カウンターが主流になりつつある台湾で、ゆったりとテーブル席で食事を楽しめるのも特徴。

Holt

🏠 台北市松山區民生東路三段113巷6弄11號
📞 02-2545-1113　🧭 MRT 中山國中站から徒歩5分
🕐 12:00〜15:30／18:00〜22:30　・
　（水木土はディナーのみ）
🚫 月火　[CARD] ○

126 [D] C1

台湾で気軽にフレンチを楽しむなら、おすすめしたいのがここ。新鮮な台湾の海鮮を中心とした北欧スタイルの料理が特徴で、チーズやクリームなどの使い方が絶妙。締めのコーヒーに、僕の大好きなコーヒー屋さん「THE FOLKS(P76)」の豆を使用しているところもポイントが高い。

シェフがカメラマンをやっていることもあり、アートセンスも素晴らしく、味だけでなく見た目も楽しめる。

子連れもOKなので、家族連れにもおすすめ。

nku̧
🏠 台北市大安區仁愛路四段300巷26弄13號
📞 02-2701-8025　🚇 MRT信義安和站から徒歩5分
🕐 12:00〜14:30/18:00〜22:00　　　125 ▯ E2
　　(火水はディナーのみ)
⊘日月 CARD ○

台湾で数少ないオーベルジュレストラン。台東(タイドン)北部の長濱(チャンビン)という海、山、田んぼに囲まれた辺鄙な場所にある。

塩、黒糖、苦茶油(クチャヨウ)、バニラなどの調味料をはじめ、地元の食材にこだわった絶品のフレンチを提供している。

レストランは「晝日風尚(ホアリーフォンシャン)」という小綺麗な旅館の1階にあり、宿泊可能。設備も充分で、どこか南フランスを思わせるような景色がとにかく美しい。

Sinasera 24
🏠 台東縣長濱鄉南竹湖26-3號
📞 08-983-2558
🚗 台東車站から車で1時間25分
🕐 18:00〜21:30 (土日のみ 12:00〜15:30も営業)
⊘火 CARD ○

高級中華

Chinese Fine Dining

やっぱり食べたいフカヒレをはじめ、
台湾で高級中華を食べるなら外せない、
僕のおすすめの店をご紹介。

（イエ シャン ハイ）
夜上海

🏠 台北市信義區松高路19號新光三越5樓
📞 02-2345-0928　📍 MRT市政府站から徒歩5分
🕐 11:30～14:30／18:00～21:30　🚫なし　💳CARD

125 F2

何を食べてもおいしい、高級上海料理の店。台北の繁華街、信義（シン イー）エリアにある新光三越デパートの中に入っている。綺麗な場所で絶品中華を食べたければ、ここに来れば間違いない。

どれを頼んでも本当においしくて、台湾に帰ると必ず寄る店の1つ。特に絶対頼むべきなのが、生煎包（シェン ジェン バオ）という焼き小籠包（シャオ ロン バオ）。そしてもう1つ、トロトロの大根がサクサクのパイに入ってる蘿蔔絲餅（ロウ ボウ スー ビン）。

この2つに関しては、この店よりおいしいものを食べたことがない。一度食べると、本当に感動するはずだ。

おしゃれで上品な店内は、テーブル席から個室まで完備。あと、ここのXO醤はおかずとして食べられるくらい絶品なので、お土産に買って帰るのもおすすめ。

5つ星ホテル「Regent Taipei」の3階に位置する、おすすめの香港式高級中華。

名物の焼豚をはじめ、目の前で調理される北京ダックやお粥は必食。すべてが日本人好みの味付けで、ホテル内にあるけれど宿泊客以外も利用可能なので、台北で高級中華を食べるなら間違いなし。

裏メニューで超巨大なカキ氷「雪花冰（シュエ ファー ビン）」も頼めるので、お祝いにも最適。

入り口からガラスで装飾されたラグジュアリーな店内も見どころだ。

晶華軒
ジン ホァ シュエン

🏠 台北市中山區中山北路二段39巷3號
📞 02-2521-5000　◎ MRT 中山站から徒歩7分
🕐 11:30〜14:30／17:30〜21:30
⊘ なし　CARD ○

124 B2

シェラトングランド台北ホテル17階にある「大切なお客様をおもてなしする」ための高級中華。モダンで落ち着いた雰囲気で、『ミシュランガイド台北2023』では1つ星を獲得している（それ以前は2つ星）。

四川料理と上海料理を融合させた川揚（チャンヤン）料理がベース。見た目も美しいカラスミの盛り合わせから、極太の激辛麺「ビャンビャン麺（ミエン）」まで。塩と油を極力減らした超一流中華に、誰もが満足するはずだ。

予約も比較的取りやすく、もちろん個室も充実。

請客樓
チン カー ロウ

🏠 台北市中正區忠孝東路一段12號17樓
📞 02-2321-1818
◎ MRT 善導寺站から徒歩3分
🕐 11:30〜14:00／18:00〜21:30
⊘ なし　CARD ○

124 B3

台北の都心から車で1時間ほど。淡水(ダンシュエイ)の山道に隠れる幻想的なレストラン。

特筆すべきは、なんといっても、美しすぎる建物と空間。モダンなコンクリートの外観と温もりのある木材の内装。たくさんの蝋燭が灯され、禅を感じさせる研ぎ澄まされた神秘的ともいえる空間は、まるで異世界に迷い込んだかのよう。

食事は通常のコースか、ベジタリアンの素食(スーシー)の2種類から。広々とした美しい庭園もあり、わざわざ訪れる価値のあるレストランだ。

チュン ユー ユエンズ
春餘園子

- 🏠 新北市淡水區泉州厝36號　📞 02-2626-6699
- 🚗 MRT淡水站から車で13分
- 🕐 11:30〜14:30／17:00〜20:00
- ❷ 月木　[CARD]○

2020年に惜しくも閉店したフカヒレの超名店「頂上(ディン シャン)」が、名前を新たに再オープン。

フカヒレスープは1人前から注文可能。熱々の鍋に入った最高級品質のフカヒレは、思い出すだけでヨダレが出てくる。炒飯もおいしいけど、おすすめは白ご飯。その上にたっぷりとフカヒレスープをかけ、特製の辛いソースとパクチーをのせ、最後にもう一回スープを。この汁だくのフカヒレご飯が、たまらない。

台湾最高峰のフカヒレをぜひ!

イーアーイー ハオ バオ ユー エン ウー ツァンティン
121好鮑魚燕窩餐廳

- 🏠 台北市大安區新生南路一段121號
- 📞 02-2773-7201
- 🚗 MRT忠孝新生站から徒歩3分
- 🕐 11:30〜14:00／17:00〜21:00
- ❷ なし　[CARD]○

COLUMN 3
とっておきの
お土産リスト
1

お菓子やお茶、調味料、
雑貨にファッション小物までおすすめをご紹介。
台湾でお土産を買う時の参考にしてみて。

キーホルダー

台北の人気のコーヒーショップ「登波咖啡（P74）」のキーホルダー。店内にはTシャツやコップなど他にも可愛いグッズがたくさん。

悠遊卡（ヨウ ヨウ カー）

台湾で電車に乗る時に便利なICカード。コンビニなどでは可愛いキーホルダータイプも購入可能で、たくさん種類がある。ちなみにこれは、国民的スナックの「王子麺（ワン ズー ミエン）」。

小さなマッサージ用品

ローカルな雑貨屋さんで買えるマッサージ用品。色々な形があって、人に贈ると喜ばれる！迪化街（ディ ホア ジェ）の竹製品屋さんでも売られている。

火龍膏（フォー ロン ガオ）

火傷などに塗る伝統的な薬。台湾では一家に1つはあるといわれる伝統的な万能塗り薬で、冷蔵庫によく入っている。

お風呂用の漢方

「意一堂（P69）」の漢方を気軽に楽しめる、お風呂用の漢方パック。パッケージもおしゃれで、人気。香りがとてもよい。台北の店舗にて購入可能。

繡花鞋（ショウ ホア シェ）

女性に喜ばれる刺繍が施されたチャイニーズシューズ。台南にローカルな有名店があるけど、これは台北のセレクトショップ「FUJIN TREE 355」で購入したもの。

FUJIN TREE 355 (HP)
https://www.fujintree355.com/en

トートバッグ

ローカルな雑貨屋さんで買える台湾式トートバッグ。ボーダーカラーが可愛い。作りが頑丈で意外に使い勝手がよい。

壺の形の鞄

台湾発のファッションブランド「Kamaro'an House（P68）」の原住民の壺をモチーフにしたおしゃれな鞄。店舗は曜日によっては予約制なのでご注意を。

木製トレイ

茶藝館＆セレクトショップ「清山寶珠HONESTEA (P73)」で購入した木製のトレイ。シンプルながら上質な質感。ほかの商品もセンス抜群。

コップ

台湾の新進気鋭のアーティスト「YEEEN STUDIO」の作品。コップとしても使えるし、オブジェとして飾っても。感性を刺激する色々な製品があるのでInstagram (@yeeenstudio) をチェックしてみて！

せいろ

台湾で買うと安い。迪化街 (ディ ホア ジェ) にいくつか竹製品の店があるので、色々周って、自分好みのせいろを探すのも楽しい。

台湾醤油

少し甘みのある台湾醤油。調味料に使っても良いし、餃子などのタレに使うと一気に台湾の味に！こちらは「源興醤油 (ユエン シン ジャン ヨウ)」のもの。スーパーなどで探してみて。

ピーナッツバター

台湾はピーナッツ王国で、ピーナッツバターのおいしさも格別！これは通販で購入した「自然甜堅果 (ズー ラン ティエン ジャン グオ)」のものだけど、スーパーなどでも色々売っている。

ガチョウの油

料理に入れると一気に台湾の味になる秘密の調味料。この「樂朋小館 BISTRO LE PONT (ル ポン シャオ グワン)」は誠品生活 (チャン ピン シャン クア) で購入。高級スーパーなどでも色んな種類が買える。

XO醤

何にかけてもおいしい絶品のXO醤。信義 (シン イー) エリアの新光三越5階にある「夜上海 (P61)」で購入できる。

台湾の乾燥麺

台湾のローカル麺をお土産に。色々食べ比べて一番おいしかったのが「上智關廟麺 (シャン ズー グワン ミャオ ミエン)」のもの。公式HPからも購入可能。
上智關廟麺 (HP) https://www.kmnoodle.com.tw/

ティーバッグ

台中（タイ ジョン）にある「兆兆茶苑（P22）」のティーバッグ。箱も可愛く、お茶の品質も最高なのでお土産に最適。

お茶ドリンク

今フーディーの間で話題の茶酒ブランド「S.C Lab 仃杉實驗室（ディン シャン シー イェン スー）」。これは鉄観音茶を使った絶品ノンアルコールドリンク。台北のフードセレクトショップ「Neighbour by LOUU」で購入。

Neighbour by LOUU (Instagram) @nbr.louu

金魚型の
ティーバッグ

「CHARM VILLA」の金魚の形をしたティーバッグで、金魚がお湯の中を泳いでいるように見える。Regent Taipeiや京都にある店舗、公式HPから購入可能。
CHARM VILLA (HP) http://charmvilla.jp

鳳梨酥（フォン リー スー）

お土産の大定番パイナップルケーキ。色々食べ比べた結果、「小潘蛋糕坊（シャオ パン ダン ガオ ファン）」が一番！しっとり甘ずっぱい。コンビニや空港でも購入できる手軽さも良い。

ナツメのチップス

高雄（カオ ション）の漢方屋さん「惟元國際藥業（ウェイ ユエン グォ ジー ヤオ イェ）」が販売するナツメのチップス。健康的でおいしく、食べ始めると止まらない。高雄の店舗か、公式HPから購入可能。
惟元國際藥業 (HP)
https://www.wyginseng.com

ヌガー

オークラ プレステージ台北の1階にあるベーカリーショップ「The Nine」のヌガー。レトロなデザインが可愛くて、見た目で選ぶなら一番おしゃれ。
The Nine (HP)
http://www.okurataipei.com.tw/ja-JP/dining/the-nine

蛋黄酥（ダン ホァン スー）

2023年台北に店舗がオープンしたばかりの「慧上癮（フイ シャン イン）」。塩漬けの黄身と餡子を包んだパイの蛋黄酥と、抹茶味のヌガーが絶品。パイナップルケーキも柔らかくておいしい。
慧上癮 (HP) https://www.shishicandy.com

花生酥（ホア ション スー）

　台湾の伝統的なピーナッツのお菓子。台湾本島の西側にある小さな島「澎湖（ポン フー）」は海鮮が有名だけど、ピーナッツも名産で知られる。そこのピーナッツを使ったお菓子「花生酥」は隠れたファンが多く、知り合いに贈ったところ、みんながハマり、毎回おねだりされるようになったお土産の1つ。

　サクサクで、食べるとピーナッツの香りが口いっぱいに広がり、甘さと少しの塩気のバランスが最高にお茶に合う。

　今回は通販で9種類を取り寄せてみた。それぞれ甘さや食感、香りなど違いがあるので食べ比べも楽しい。

　台北など本島で買えるものもあるので、ぜひ探してみて！

　ちなみに一番の有名店は、「❹正義餅行」。個人的には甘さのバランスが絶妙な「❸華馨食品」、もしくは甘さ控えめでサクサクおいしい「❺正一」がおすすめ！

❶長春餅舗（チャン チュン ピン ブー）　❷興盛商號（シン シェン シャン ハオ）　❸華馨食品（ホアー シン シー ピン）　❹正義餅行（ヂェン イー ピン シン）　❺正一（ジェン イー）　❻泉利餅舗（チュエン リー ピン ブー）　❼媽宮（マー ゴン）　❽萬泰食品（ワン タイ シー ピン）　❾御品家（ユー ピン ジャー）

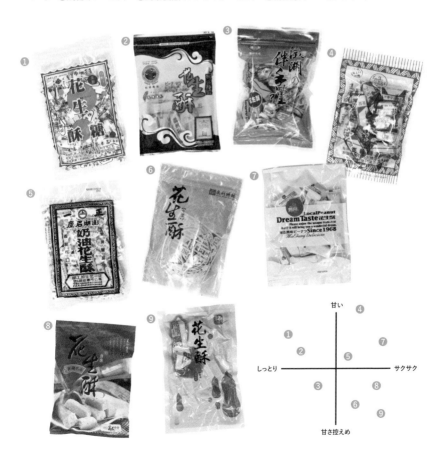

飲食店に限らず、お土産探しにおすすめの店を紹介。
商品のみならず、店の雰囲気自体も素敵なので、
ぜひ足を伸ばしてみて！

Kamaro'an House

　台湾の原住民"アミ族"の工芸品をリデザインした、
今注目のファッションブランド。オーナーはアミ族出
身であり、その背景をいかし、彼らの工芸品を現代の
ライフスタイルに合うよう再構築し、販売している。商
品は先住民族の職人が一つひとつ手作りしているそ
うだ。
　店名はアミ族の民語に由来し、「住む場所」を意味
するそう。訪れるたび、その美しい空間や自然素材に
こだわった商品たちに衝撃を受ける。コンセプチュア
ルで洗練された世界観は圧倒！

　壺のデザインからインスパイアされて生まれた
鞄（P64）をはじめ、革の財布、メガネケースなど
の小物類も充実している。特別なギフトを探して
いる方にもおすすめ。ここでしか買えない手作り
の品々をぜひ生で見てほしい。また、商品を長く
使ってほしいという想いから、修理サービスも
承っているそうだ。
　訪れる際は、Instagram（@ka
maroan.studio）から事前にDM
で予約をしておくと確実。

🏠 台北市大安區新生南路三段11巷2號
📞 02-2356-3616
🚇 MRT大安森林公園站から徒歩15分
🕐 13:00～18:00（水木金は15:00から、予約制）
🚫 月火　CARD ○

127 F-4

意一堂
（イー イー タン）

　台湾の東洋医学協会代表が開業した漢方クリニック。店内は最新のカフェかと思うほどおしゃれで綺麗。芸能人もお忍びで通うそうだ。

　外国人でも診察ができて、台湾に数台しかないといわれている最新機器 InBody を使って、血液の流れを隅々までチェックしながら、体に合った漢方を処方してもらえる。

　漢方茶や石鹸といった、漢方を使った様々な商品も開発している。特にお風呂に入れるバスセットは、日本人にも大人気。

122

🏠 台北市文山區羅斯福路五段295號一樓

📞 02-2932-9777　🚇 MRT 萬隆站から徒歩2分

🕐 9:00〜21:00（土は18:00まで、完全予約制）　⊘日

YU CHOCOLATIER

　個人的に台湾で一番おいしいと思うチョコレート屋さん。期待の若手ショコラティエのYuさんは、パリの名店で修業を積んだ。

　店内でイートインも可能。おすすめはガトーフォレノワール。ドイツの伝統的なケーキを再解釈したもので、ブランデーが香り、濃厚でトロけるダークチョコとチェリーがたまらなくおいしい。合わせるのは、もちろん台湾茶。

　台湾産のカカオ、果物やお茶を使った台湾ならではのチョコレートは、お土産にも最適。

69

🏠 台北市大安區仁愛路四段112巷3弄10號

📞 02-2701-0792　🚇 MRT 忠孝敦化站から徒歩10分

🕐 12:00〜20:00　⊘水　[CARD]

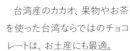

125　D2

PART 4

話題の
ティーサロン／
カフェ／バー

伝統的な台湾茶を
カジュアルに楽しめる店や、
真っ只中のコーヒーブームを牽引する人気店、
隠れ家的なバー……。
僕も１人でよく訪れている、
お気に入りの店を紹介。

ティーサロン

Tea Salon

伝統的な作法や茶器でこだわりのお茶を
飲ませてくれる茶藝館。最近は若者や初心者でも
入りやすい、モダンな店も増えている。

大茶樹記
ダー　チャーシュウ　ジー

🏠 台北市大安區延吉街131巷1弄32號

📞 02-2778-3579　📍 MRT國父紀念館站から徒歩5分

🕐 10:00〜15:00　🚫 火

125 ⑧ E1

台湾で最も美しい紹介制の茶藝館。お茶好きの美食仲間から、すごい茶藝館があると聞き、お願いして連れて来てもらった。

店は小さな路地に入ったところにあり、店内に一歩足を踏み入れると、その美しさとセンスの良さに言葉を失う。外からは想像できない世界が広がっている。

この店は、中国でお茶の木と一緒に生活していたほど、お茶をこよなく愛するお母さんが開いたそうだ。今は娘のFrancisと2人で営んでいる。

扱うお茶は、どれも中国と台湾の各地から取り寄せた選りすぐりの一級品。いつもその日の体調や気分に合わせて、ベストなお茶を紹介してくれる。樹齢400年以上の木から取れる希少性の高い茶葉も多く、驚きなのは、その1本の木の名前がすべてそのままお茶の名前になっていること。これぞ究極のシングルオリジン。

お茶の勉強会を定期的に開催しており、茶葉の購入も可能。こんな素敵な店が隠れているなんて台湾はすごい。

Francisがお茶を淹れてくれた。

72

萃釀 AINSI THÉ
ツイ イエン

📍 台北市大安區金華街249-1號
📞 02-2397-3148
🧭 MRT東門站から徒歩8分
🕐 12:00〜21:00 🚫なし 💳○

127 E3

実力派の若手女性店主が経営する茶藝館。実家がお茶農園らしく、小さい頃から培った経験と感性で選りすぐりの台湾茶をセレクトしている。その確かな腕が見込まれ、今や多くのレストランに彼女が選んだお茶が提供されているのだとか。

1階は専門のスタッフがお茶を淹れてくれるバーカウンターと、商品の販売スペース。2階にはゆったり座れるスペースもある。

かなりの種類があるので、まずは相談して、自分好みのお茶を見つけてみるといいかもしれない。

清山寶珠 HONESTEA
チン シャン バオ ジュウ

📍 台北市信義區富陽街72巷19號
📞 02-2737-3777
🧭 MRT六張犁站から徒歩6分
🕐 14:00〜19:00 🚫月 💳○

125 E3

お茶農家の2代目が営む、隠れ家的茶藝館。おしゃれなカフェのような空間で、気軽にお茶を楽しめる。値段はそれほど高くなく、それはお茶を日常的に飲んでほしいというオーナーの想いからのようだ。

新しさと懐かしさが同居する店内には、他にも台湾人作家による茶器や色んな雑貨が売られており、すべて欲しくなってしまうくらいセンスが良い。

展示会スペースもあり、展示によってはお茶の提供をしていない場合もあるので事前にチェックすると安心。

カフェ

Café

今台湾ではスペシャリティコーヒーがブーム。
どこのカフェでも提供するコーヒーのレベルが高い。
その中でも僕のお気に入りのカフェを紹介する。

登波咖啡

登波咖啡
デン ボー カー フェ

🏠 台北市大同區赤峰街49巷25號

📞 02-2558-4952

📍 MRT雙連站から徒歩3分

🕐 12:00〜18:00(土日は11:00〜19:00)

🚫 なし

124 B2

僕のお気に入りのカフェの1つ。台北のファッション街、中山（ジョン シャン）エリアにある「登波咖啡」。お気に入りすぎて、店のオリジナルTシャツを全色持っているくらい（笑）。

台湾人のおしゃれガール2人が営んでいて、とにかく彼女達の"好き"を詰め込みまくったカフェ。Tシャツやカップ、ステッカーなど、売られているグッズも全部センスが良くて、超可愛い！

インスタ映えを狙っているわけではなく、ただただ自分達の好きなものに全力を貫き通す感じが、最高すぎるし好感も持てる。

もちろん可愛いだけでなく、スペシャリティコーヒーもおいしく、浅煎りから中煎りまで好みで選べる。さらに名物のシナモンロールも

めちゃくちゃ絶品。

映画館のチケット売り場を意識したテイクアウトコーナーや、店の前にある黄色いベンチは最高のフォトスポット。みなさんにもぜひ行ってみてほしい！

台湾のスペシャリティコーヒー業界のリーダー的存在の店。

焙煎所も兼ねているこちらは、2018年にオープンしたおしゃれな2号店。ちなみに、本店は大人の雰囲気が漂うクラシックなバーカウンタースタイル。

オーナーの小楊（シャオ ヤン）さんが自家焙煎するコーヒー豆は、世界的にも評価が高い。ドリップコーヒーやラテといった定番のものから、アイリッシュコーヒーなど、お酒を使ったコーヒーも絶品だ。

RUFOUS COFFEE ROASTERS 2

🏠 台北市大安區基隆路二段266號

📞 02-2736-6881

🔲 MRT 六張犁站から徒歩6分

🕐 11:00〜18:30 ⊘木

`125 ⓑ D3`

台湾にいることを忘れるような、天井が高く青を基調とした開放感のある空間。特に窓際の席がお気に入り。

店主の優しくも干渉しない距離感が心地よくて、どんな時でもついつい行きたくなる。

店主1人で営業しているので食事メニューはなく、ドリンク提供のみ。個人的なおすすめは、冷たいミルクの上に熱いエスプレッソを注いで作る髒髒咖啡（ザン ザン カー フェ）。ミルクの甘さとエスプレッソの苦味が徐々に混ざっていく複雑な味を楽しめる。ぜひ試してみて。

KiOSK

🏠 台北市中山區新生北路一段40號

📞 非公開 🔲 MRT 忠孝新生站から徒歩9分

🕐 10:00〜17:00 ⊘火

`124 ⓐ C3`

本当のコーヒー好きが集まる素敵なカウンターカフェ。木をベースにした店内とカウンターのみのストイックな空間が、最高にかっこいい。

浅煎りから中煎りのコーヒーをはじめ、ドリンクはどれも本当に素晴らしい。

朝からオープンしているので、仕事前にサクッと飲んでいく人がいたり、店内で仕事をしている人がいたり、台湾人の生活に溶け込んでいるのがよくわかる。近所に住んでいたら行きつけにしたくなるようなカフェだ。

THE FOLKS

🏠 台北市大安區四維路208巷3-1號
📞 02-2704-0399
🧭 MRT科技大樓站から徒歩8分
🕐 8:00〜15:00 ⊘ 木

125 D3

実力派の若手バリスタ兼焙煎士が手掛ける注目のカフェ。アイランド型のキッチンとイサムノグチのライトが印象的。

単品ももちろんあるけど、おすすめは同じ豆で3種類のコーヒーが飲める「1+1+1」。選んだ豆によってその3種類も変わるのだが、僕が頼んだ浅煎りの豆ではエスプレッソ、ラテ、創作コーヒーが提供された。

ドリンクはどれも完成度が高く、最後の創作コーヒーはトニックウォーターと合わせたカクテルで衝撃のおいしさ。コーヒーの新しい楽しみ方を教えてくれる店だ。

noon

🏠 台北市大安區瑞安街142巷2-1號
📞 02-2325-5123 🧭 MRT大安站から徒歩8分
🕐 11:00〜22:00（金土は19:00まで）
CARD ○

127 F4

バー
Bar

台湾の長い夜を象徴するかのような
賑わいに満ちたバーから、オーセンティックな
雰囲気でゆっくりカクテルを楽しめるバーまで、
話題の店を紹介したい。

Draft Land

🏠 台北市大安區忠孝東路四段248巷2號1樓
📞 非公開 🚇 MRT國父紀念館站から徒歩2分
🕐 18:00〜翌1:00（土日は翌2:00まで）
🚫 なし [BAR] ○

125 🅱 E1

世界的バーテンダーANGUS（写真）が手掛ける、台湾を代表するタップカクテルバー。今では台湾をはじめ、香港や上海にも出店するなど、海外でも展開している人気店だ。2018年にANGUSが開発したこの「タップカクテル」というスタイルは、バー業界に革命をもたらした。

タップカクテルとは、あらかじめブレンドしておいたカクテルをタップ（サーバー）から注ぐもの。タップ式にすることで、コストを抑えつつ、世界レベルのカクテルを気軽に楽しめるようになった。

台北にある本店では、1階に立ち飲みスペースがあり、奥には少しアルコール度数が高いラインナップを揃えた真っ赤な部屋がある。

2階にはその場でカクテルを作ってくれる「実験室」と呼ばれる少しスペシャルなバースペースがある。ちなみに、地下にあるクラブスペースでは週末になるとDJイベントが開催される。

気軽に台湾の夜を楽しむなら、ここ「Draft Land」は外せない。

バー

名前のないバーのクラシックカクテルに衝
撃を受けた。

このバーには名前がない。看板には「無」の
一文字があり、小さな空間にカウンター席と、
その後ろに横並びのシート席がある。

予約不可で、4人以上のグループはNG。そ
う聞くと怖いオーナーを想像するけど、実際は
優しい方なのでご安心を。

派手なカクテルが主流になりつつある台湾
で、あえてクラシックなカクテルしか出さない
スタイル。おすすめ
はウィスキーソーダ。
酸味をうまく使っ
た口当たり抜群の
カクテルは、体に
衝撃が走るおいし
さだ。

無 WU
ウー

🏠 台北市信義區光復南路 419-1 號 1 樓

📞 非公開 🚇 MRT 國父紀念館站から徒歩8分

🕐 19:00〜1:00 ⊘ 不定休

125 🔟 E2

世界大会「WORLD CLASS 2023」で台湾
のトップに輝いた女性バーテンダーが所属す
る隠れ家的店。

店の看板はなく、映画のチケットカウンター
が目印。地下に降りると大きなカウンター席が
広がり、非日常を演出する。

ここはカクテルの種類がとにかく豊富。特
におすすめしたいのが、「牛肉麺 (ニョウ ロウ ミ
エン)」など台湾のローカルフードを表現した
オリジナルカク
テル!

食事メニュー
も充実している
ので、お酒と一
緒にぜひ。

unDer lab

🏠 台北市大安區光復南路 308 巷 51 號 B1

📞 0981-238-531

🚇 MRT 國父紀念館站から徒歩8分

🕐 19:00〜翌1:00(日は予約のみ、24:00まで)

⊘ なし 🔲CARD ○

125 🔟 E2

2023年「アジアベストバー50」にも選出された、今、台北で一番勢いに乗っているバー。朝4時までオープンしているのも嬉しい。

オーセンティックなイギリスのおしゃれなパブのような雰囲気。肩肘張らずに楽しく飲めるので、いつも多くの台湾人の若者で賑わっている。

カクテルはもちろん、食事メニューも豊富でおいしい。早めに来て、お酒と食事を楽しむ使い方もアリ。色んな用途で使えるバーだ。

The Public House

🏠 台北市大安區信義路四段143號1樓
📞 02-2701-0053
🚇 MRT 信義安和站から徒歩4分
🕐 19:00〜翌4:00　❌月　CARD ◯

125 B D2

秘密の仕掛けがたくさんある、台北の新たなスピークイージーバー。

まず入口から仕掛けが。バーの入口は、あえて道路に面しておらず、脇の細い路地を入らなくてはたどり着けない。扉を開けるには非常用ボタンを押す必要があるなど、とにかくバーに面白い仕掛けがたくさんある。

そして中に入ると、1階はおしゃれなバーなのだが、実は地下に洞窟のような空間が広がっている。バー文化が盛んな台湾だからこそ生まれたエンタメバー。日本ではなかなか経験できないので、おすすめ。

BAR PUN

🏠 台北市大安區信義路四段378巷5號1樓
📞 02-2700-5000
🚇 MRT 信義安和站から徒歩4分
🕐 18:30〜翌1:30（金土は翌2:30まで）
❌なし　CARD ◯

125 B E2

COLUMN 4
僕の好きな街

台北から電車で約2時間のところに
古き良き台湾が残る街、嘉義（ジアーイー）がある。
古い建物や寺院、市場を楽しめるほか、
美食の街としても有名で、僕のお気に入り。

嘉義（ジアー イー）

雞肉飯（ジー ロウ ファン）とは？

嘉義の名物といえば雞肉飯！白いご飯の上に茹でた鶏肉をのせ、タレをかけた料理だ。見た目は地味だけど、味は格別！また、本場の嘉義では七面鳥を使うところがほとんどで、「火雞肉飯（ホウ ジー ロウ ファン）」と呼ぶ場合も。街には数え切れないほど専門店があり、それぞれ味も異なるので、食べ比べするのが毎回の楽しみ。ぜひ嘉義に来て、自分のお気に入りの店を見つけてみて。

スピード Suplido
林聰明沙鍋魚頭（中正總店）
嘉義品安豆喙豆花
桃城三禾火雞肉飯
阿安師火雞肉飯
阿霞火雞肉飯
嘉義車站
桃城豆花光華路
國王蝴蝶咖啡 Roicafe
丸仔榮小吃店
大同火雞肉飯
阿娥豆喙豆花
阿婆烤玉米
源鲁熟肉
嘉義車站
鳥上西西
崇文錄鲁麵
Bless浅山房

丸仔榮小吃店

_{ワン　ズ　ロン　シャオ　ツー　ディエン}

文化路夜市（ウェン ホア ルー イエ
シー）の近くにある、朝から人が集ま
る人気店。通常の雞肉飯（ジー ロウ ファ
ン）もあるが、ここのおすすめは「雞片飯
（ジー ピェン ファン）」とも呼ばれる、削ぎ切り
にした肉をのせるスタイル。この厚切りの肉が
ジューシーでおいしい。

また、ここは店の名前が小吃店というだけあって、名物の
雞肉飯以外に豚肉の揚げ焼きの紅燒肉（ホン シャオ ロウ）な
ど、一品料理も絶品。ぜひ頼んでみて。

🏠 嘉義市東區光彩街367號
📞 05-223-6888　🕐 嘉義車站から徒歩14分
🕐 10：00～18：00（土は16：00まで）　⊘ 日

阿宏師火雞肉飯

_{アー　ホン　スー　ホウ　ジー　ロウ　ファン}

赤い看板に七面鳥のイラストが目印の、嘉義（ジアー
イー）の雞肉飯を代表する1番の人気店。いつ行っても
長い行列ができている。

ここの雞肉飯は「火雞肉飯」といって、七面鳥の肉
を使ったもの。鶏肉より身がしっか
りしていて、味が濃いのが特
徴。肉がとにかくプリプリ
で、ジューシー。味付
けは塩ダレのような感
じだ。

🏠 嘉義市東區光華路108號
📞 05-223-3467　🕐 嘉義車站から徒歩18分
🕐 10：00～20：00　⊘ 第2、4月火

大同火雞肉飯
ダー トン ホウ ジー ロウ ファン

　観光客に嬉しい清潔な店内。人気店だけど、並ぶほどではないので、すぐに入れるところもポイントが高い。

　ここの雞肉飯は七面鳥を使った「火雞肉飯」。甘めのタレが特徴的で、さっぱりした肉との相性が抜群。肉はほぐし身だけど、大きく割かれているので満足感あり。そしてとにかくタレが旨い。タレ好きな僕にはたまらない店。

🏠 嘉義市東區民族路113號
📞 05-275-5005　🚗 嘉義車站から車で10分
🕒 9:30〜16:00　⊘ 火

阿霞火雞肉飯
アー シャ ホウ ジー ロウ ファン

　賑やかな文化路夜市（ウェン ホア ルー イェ シー）のメインストリートにあるローカルな人気店で、実は僕の一番のお気に入り。七面鳥を使った「火雞肉飯」がこの店の名物。

　タレとジューシーな肉の味のバランスが素晴らしい。しかも滷肉飯（ルー ロウ ファン）とのハーフ＆ハーフができる!! 悶絶もののおいしさなので、ぜひ一度試してみて。

🏠 嘉義市東區文化路119號　📞 非公開
🚶 嘉義車站から徒歩14分　🕒 17:40〜22:30　⊘ なし

桃城三禾火雞肉飯
タオ チェン サン ハー ホウ ジー ロウ ファン

　多くの熱狂的ファンを持つこの店の名物「火雞肉飯」。駅から距離があるが、いつも多くの人で溢れている。

　油っぽくなくさっぱりした肉に、タレをたっぷり吸ったモチモチのご飯がおいしい。肉のスライス「火雞肉片（ホウ ジー ロウ ピェン）」もぜひ頼んでほしい一品。一緒に食べると格別だ。

🏠 嘉義市東區民權路97號　📞 05-278-6846
🚗 嘉義車站から車で10分　🕒 10:00〜19:00　⊘ 木

<ruby>源<rt>ユエン</rt></ruby><ruby>魯<rt>ルー</rt></ruby><ruby>熟<rt>ショウ</rt></ruby><ruby>肉<rt>ロウ</rt></ruby>

　ローカルな朝ご飯が食べたいなら、この店。新鮮な豚のホルモンやソーセージが最高においしい。朝からホルモン!? と思うかもしれないけれど、全然ペロリといけるはず。好きな部位を選ぶと、綺麗に皿に盛り付けてくれる。

　ちなみに滷肉飯（ルー ロウ ファン）も絶品で、細切りの肉のほかに、大きめにスライスされた豚肉がのっているなど、台北ではあまり見ないスタイル! 台北にあったら毎週通いたいくらいお気に入り!

🏠 嘉義市東區朝陽街95號
📞 05-278-9797　➤ 嘉義車站から車で10分
🕐 6:00〜13:00　🚫なし

<ruby>崇<rt>チョン</rt></ruby><ruby>文<rt>ウェン</rt></ruby><ruby>錦<rt>ジン</rt></ruby><ruby>魯<rt>ルー</rt></ruby><ruby>麺<rt>ミエン</rt></ruby>

　嘉義（ジアー イー）に来たら外せないB級グルメが、白醋（パイ チュ）を使った台湾式冷麺「涼麺（リャン ミエン）」。白醋は一般的にお酢を指す言葉だけど、嘉義ではマヨネーズのことをこう呼ぶ。つまりお酢ではなく、マヨネーズの冷麺が有名ということだ。

　この店は60年以上の歴史を持つ名店屋台。胡麻と特製マヨネーズのソースに平打ちの麺。一見味が濃そうに見えるが、意外にさっぱりしていておいしい。最高のB級グルメをぜひ試してみて。

🏠 嘉義市東區崇文街107號
📞 05-225-5460
➤ 嘉義車站から車で7分
🕐 10:30〜18:30　🚫なし

林聰明沙鍋魚頭（中正總店）
（リン ツォン ミン サー グオ ユー トウ）（ヂョンヂォン ゾンディエン）

　Netflixのグルメ番組でも特集された嘉義（ジアーイー）の名店中の名店！ 名物は揚げた魚や野菜、肉などを一緒に煮た「沙鍋魚頭」だ。

　甘めで旨味たっぷりのスープは激旨。濃厚な味噌汁のような雰囲気もあって、日本人にもたまらない味。具だくさんで大満足間違いなし。

　1時間待ちは当たり前な人気店だが、受付を済ませて入口で番号札を受け取ったら、店から離れてもOK！

🏠 嘉義市東區中正路361號
📞 0800-520-166　🚃 嘉義車站から徒歩15分
🕐 12:00〜20:00　⊘ なし

阿婆烤玉米
（ア ポウ カオ ユー ミー）

　6時間待ちの伝説の焼きとうもろこし「烤玉米」の店。嘉義（ジアーイー）のおばあちゃんが焼いていて、"台湾で一番おいしい"と噂。

　好きなとうもろこしを選んで支払いを済ませると、受け取り時間を伝えられる。平均で6時間ほど待つことも。

　僕が食べた時は少し冷めていたけど、それでもびっくりするくらいおいしい！ しっとりしたとうもろこしに、お焦げの香ばしさ、そして台湾独特の甘辛いタレが絶妙。個人的にも今まで一番の味。

🏠 嘉義市東區民族路312號
📞 非公開　🚃 嘉義車站から車で7分
🕐 9:30〜21:00　⊘ なし

Bless 淺山房
チエン シャン ファン

市内から車で30分ほど、嘉義（ジアー イー）の山奥に隠れる知る人ぞ知る、カフェの名店。

古い家屋を改装した店内にはこだわりとセンスが詰まっていて、気持ちの良い庭も最高。訪れるすべての人と親友のようになれる、オーナーであるAfaの人懐っこい性格も魅力的。

今では嘉義に来ると必ず訪れる場所になり、おいしいコーヒーを片手に、近況報告したり、日本の流行りを共有したり、いつも話が尽きない。台湾で最も好きな場所の1つ。

🏠 嘉義縣番路郷第10郄7-1號
📞 0905-192-809　✈ 嘉義車站から車で33分
🕐 13:30〜21:30　⊘ 月火水

國王蝴蝶咖啡 Roicafe
グオ ワン フー ディエ カー フェ

もともと醸造所や倉庫があった場所を再開発した、新しい文化エリアに位置した店。広々としたおしゃれな倉庫のような店内で、驚くほどおいしいコーヒーを飲むことができる。

自家焙煎しているシングルオリジンコーヒーが、どれも香りが爆発しているかのように豊か。専用のグラスで飲むと、一層強く香りを感じる。

少し田舎の嘉義（ジアー イー）にこんなカフェがあるなんて、台湾は底知れない。コーヒー好きに強くおすすめしたい名店だ。

🏠 嘉義市西區中山路616號F棟2樓
📞 0903-898-995　✅ 嘉義車站から徒歩6分
🕐 10:00〜18:00　⊘ 月火

スピード Supiido

　嘉義（ジアー イー）の文化財にも指定されている寺院、嘉義仁武宮（ジアー イー レン ウー グォン）のすぐ側にあるコーヒースタンド。軒先で飲めるスペースもある。オープンは2021年。もともと小さな文房具屋さんだった場所を改装してできた店で、ロゴも可愛い。

　その名の通り"スピード"にこだわりを持ち、スピーディーにおいしいコーヒーを提供してくれる。嘉義の人たちの暮らしを豊かに支える店だ。

🏠 嘉義市東區北榮街50號
📞 05-216-2229　🚶 嘉義車站から徒歩16分
🕐 8:00〜14:00　⊘ 不定休　CARD ○

島上西西
ダオ シャン シー シー

　街外れにある、女性オーナーが1人で運営するめちゃくちゃおしゃれなベーカリー。古い建物をリノベーションした店内は懐かしくもあり、落ち着く空間。

　観光地からかなり外れるし、正直なんでこんな場所に……と思うのだが、わざわざ足を延ばす価値があるくらいパンが絶品で、内装のセンスも抜群だ。おいしいコーヒーと一緒に、素敵な時間を過ごすことができる。

　こんな店があるなんて、嘉義（ジアー イー）という街はやっぱり面白い。

🏠 嘉義市東區東洋新邨603號
📞 05-274-0800　🚗 嘉義車站から車で15分
🕐 14:00〜18:00　⊘ 水木金

嘉義品安豆漿豆花
ジアー イー ビン アン ドゥ ジャン ドゥ ファ

文化路夜市（ウェン ホア ルー イエ シー）の脇にある豆花の有名店。店の前にはいつも人だかりができている。

ローカルさがありつつも、店内は割と綺麗で、現地の豆花を楽しむには間違いない店。シンプルでおいしい豆花は、初心者でも挑戦しやすい。

僕のおすすめはレモン汁が入った檸檬豆花（ニン モン ドゥ ファ）。爽やかさと少しの苦味がたまらない。

🏠 嘉義市東區中正路335號
📞 05-228-0689 🚶 嘉義車站から徒歩16分
🕐 12:30〜22:00（土日は11:00から） ⊘ なし

桃城豆花 光華路
トウ チェン ドゥ ファ グアン ホア ル

廃墟となった病院をリノベーションした店。台湾で最も美しい豆花店ともいわれている。

廃墟の痕跡を残しつつ、室内とテラス、どちらも違った雰囲気があって、とてもおしゃれ。日本だったらきっと営業許可が下りないだろう。こんな店がたくさんあるのも台湾の魅力。

もちろん、昔ながらの味わいの豆花もおいしい。嘉義（ジアーイー）に来たらぜひ訪れてみてほしい。

🏠 嘉義市東區光華路65號 📞 05-228-7789
🚶 嘉義車站から徒歩19分 🕐 9:00〜22:00 ⊘ 水

阿娥豆漿豆花
アー ウー ドゥ ジャン ドゥ ファ

ローカル感溢れる豆花を食べたいなら、間違いなくここ！ 文化路夜市（ウェン ホア ルー イエ シー）にある豆花屋台。

「綜合豆花（ヅォン ハー ドゥ ファ）」は、小豆やタピオカなどのトッピングが入った豆花。食べやすいようにシロップなどでアレンジすることなく、たっぷり豆乳がかかっていて、しっかりと豆腐感を味わえる。

体に全く罪悪感のない最高のデザートだ。

🏠 嘉義市東區延平街233號 📞 05-224-3016
🚶 嘉義車站から徒歩19分 🕐 14:00〜23:00 ⊘ 火

エリア別
グルメガイド

エリアごとに
おすすめしたい店をご紹介。
新北、台中、台南など、
地方まで足を運ぶ価値のある名店も！

中山站
周辺

ジー ジャージュアン
雞家莊（長春路店）
チャンチュンルー ディエン

🏠 台北市中山區長春路55號
📞 02-2581-5954 ● MR1 中山站から徒歩11分
🕐 11:00〜21:30 ⊘なし CARD ○

124 **A** B2

　50年近く続く超老舗の鶏料理レストラン。思わず写真を撮らずにはいられない、古き良き台湾を感じる店内の雰囲気も良い。

　ここの名物の三味雞（サン ウェイ ジー）は間違いないおいしさ。蒸した地鶏、地鶏のロースト（燻製）、そして黒い鶏肉である烏骨鶏の3種類が楽しめる。どれも山で放し飼いにして育てた鶏で、まだ卵を産んだことがない若い鶏のみを厳選しているから、臭みがなく綺麗な味。三味雞のお供には、白米ではなく、鶏ガラスープとにんにくで炊いたご飯「雞飯（ジー ファン）」がおすすめ。お腹がすく、いい香りが漂う。

　甘い麻婆豆腐のような鶏家豆腐（ジー ジャードウフ）など、ほかの一品メニューもどれもおいしいので試してみて。締めにはぜひ雞蛋布丁（ジー ダン ブー ディン）を。固めのプリンで、卵の味が濃厚。ちょっと苦味のあるカラメルソースとの相性も抜群で、満腹でもペロリと食べられてしまうおいしさだ。

『ミシュランガイド台湾2023』でビブグルマンに選ばれたローカル食堂。レストランというより"食堂"と呼ぶのがしっくり来る店だ。

中でも、豚の揚げ焼き「紅燒肉（ホン シャオ ロウ）」や、汁なしの甘辛ソースがかかった麺「乾麺（ガン ミエン）」、ワンタンにラー油を絡めた「抄手（チャオ ソウ）」、ネギの油をかけた油ご飯「蔥油飯（ツォン ヨウ ファン）」がお気に入り。特に紅燒肉は注文必須。店も移転したばかりで綺麗。

アー グオ チエ ザイ ミエン
阿國切仔麺

🏠 台北市中山區天祥路1號　📞 02-2531-0009　124 A B2
🚇 MRT民權西路站から徒歩4分
🕐 11:00〜20:00（土日は19:30まで）　⊘火

1945年に開業し、70年以上続く老舗のパン屋さん。常時30種類ほどの昔懐かしいソフト系のパンが並ぶ。特にここの名物のサンドイッチがふわふわで、とてもおいしい。

ハムと薄焼き卵が挟まっているシンプルなサンドイッチだけど、柔らかいパンに甘めの台湾マヨネーズが最高！ ちなみに三角形と長方形のものがあるが、三角形の方が柔らかい感じがして個人的に好み。

日本とは少し違った味わいのサンドイッチ。観光の合間に楽しんでみては？

シュアン フー シー ビン
雙福食品

🏠 台北市大同區民生西路150號
📞 02-2558-9018　🚇 MRT雙連站から徒歩11分
🕐 9:00〜23:00　⊘日

　台北で食べる最高においしい鹹湯圓（シェ
ン タン ユエン）。「湯圓」はお餅のようなモチモ
チのお団子が入ったスープ。しょっぱいを意味
する「鹹」湯圓は、団子の中に肉が入る。

　スープに麺や別の具材を入れることもでき
るけど、ここはシンプルにスープのみがおす
すめ。綺麗なスープに肉の入ったモチモチの
団子がほっとする味。

　火～金は朝7時から営業しているので朝ご
飯にも良い。日本語は通じない、ローカルな知
る人ぞ知る名店だ。

燕山湯圓
イェン シャン タン ユエン

🏠 台北市中山區民生西路45巷9弄12號

📞 02-2521-6479 🧭 MRT雙連站から徒歩2分

🕐 7:00～19:00
　（土は11:00～15:00、月は11:00から）

🚫 日

124 B2

　賑やかな中山（ジョン シャン）エリアの1本路
地裏に入ったところにある、隠れたコーヒー
ショップ。観光客はほぼゼロで、常連客が自
分の時間を過ごす。あまり知られてないから人
も少なく、ゆっくり静かに過ごせる。店の外観
や内装もどこか欧米のような雰囲気で素敵。

　店主こだわりのスペシャリティコーヒーは、
浅煎りから深煎りまで。どれも味は確かなお
いしさだ。

　ただ、マスター
1人でやってい
るので、休みが
多くて営業時間
が短いのが難点。
訪れる際は事前
に確認を。

阿德雷得咖啡
アー ダー レイ ダー カー フェ

🏠 台北市中山區錦州街4巷3號

📞 02-2581-2335 🧭 MRT雙連站から徒歩7分

🕐 10:30～16:00 🚫 土日月

124 B2

ローカルな店舗が立ち並び、独特の雰囲気が漂う大稻程（ダー ダオ チェン）。その細い路地裏にひっそりと佇む、昼のみ営業する隠れ家レストランがあり、知り合いのシェフに連れて行ってもらって衝撃を受けた。『ミシュラン台湾2023』でビブグルマンに選ばれたそうだ。

メニューはなく、おまかせのみで、その日の新鮮な食材で作られた料理が次々と出てくる。名物の台湾で一番おいしいといわれているチャーハンは、今でも忘れられない味だ。

元味料理
ユエン ウェイ リャオ リ

📍 台北市大同區華陰街227巷2號
📞 02-2559-0721
🚶 台北車站から徒歩4分
🕐 12:00〜15:00 ⊘日

124 A2

台北車站近くにある、雰囲気ありまくりの隠れた名店屋台。

メニューはシンプルで、ビーフンスープ「米粉湯」かお粥。もしくは米粉湯とお粥のミックス。名物の米粉湯はすぐに売り切れてしまうので、朝イチに行かないと食べられない。

そのほかに絶対に食べてほしいのがここの豚ホルモン。心臓、タン、腸など、好きな部位を頼める。スープでさっと茹でるだけなのだが、新鮮で全く臭みがなく絶品。

台湾に着いたら空港から直行したいほどの名店だ。

大稻埕米粉湯
ダー ダオ チェン ミー フェン タン

📍 台北市大同區重慶北路一段26巷15號
📞 非公開 🚶 台北車站から徒歩3分
🕐 8:30〜15:30 ⊘日

124 A2

旧市街の下町、萬華區（ワン ホウ チュー）に"文青（ウェン チン）"と呼ばれる台湾の若者カルチャーを代表するカフェがある。文青とは「文芸青年」の略で、日本でいうところのサブカル好きに近い。個性的な店主もこの店の特徴だ。

懐かしい小物や、アンティーク家具など、内装がいちいち可愛い。こだわりのコーヒーは豆から選べる。

おしゃれな若者が1人でふらっと入ってくるなど、全体的に静かで、ゆったりとした時間を過ごしたい人におすすめ。

まだ食べたことはないけど、カレーも絶品との噂だ。

シェン ガン カー フェ シャン ハン
森耕咖啡商行
🏠 台北市萬華區大理街133巷8號1樓
📞 非公開 🧭 MRT龍山寺站から徒歩5分
🕐 15:00〜22:00 ⊘水木金

126 Ⓜ A3

100年の歴史を持つかき氷「雪花冰（シュエ ファー ビン）」の店。いつも地元の人で溢れている人気店だ。

名物の八寶冰（バー バオ ビン）は8種類のトッピングがのっているのが特徴。その8種類とは、小豆、茹でピーナッツ、緑豆、金時豆、白玉団子、タロ芋、タロ芋団子、タピオカ。一皿でいろんな味と食感が楽しめる、台湾ならではのかき氷。

安くて最高においしいので、ぜひ食べてみてほしい。

ロン ドゥ ビン グオ ジュアン イェ ジア
龍都冰果專業家
🏠 台北市萬華區和平西路三段192號
📞 02-2308-2227
🧭 MRT龍山寺站から徒歩4分
🕐 11:30〜22:00 ⊘水土

126 Ⓜ A3

迪化街

台北の問屋街、迪化街（ディ ホア ジェ）にある、ローカルな台湾フードを楽しむなら間違いない店。地元の台湾人にも人気で、僕も大好き。

マッチョな店員さん達は、強面だけど、実はめちゃくちゃ優しいのでご安心を。

特におすすめなのが、豚肉の揚げ焼き「紅焼肉（ホン シャオ ロウ）」とレバー。そして麺類。甘辛いソースがかかった汁なしの乾麺（ガン ミエン）もいいし、さっぱりスープの湯麺（タン ミエン）もどちらも最高。

ローカルな雰囲気も楽しめる名店だ。

賣麵炎仔
（マイ ミエン エン ザイ）

🏠 台北市大同區安西街106號
📞 02-2557-7087
🚇 MRT 大橋頭站から徒歩6分
🕐 7:00〜14:30 　⊘なし

124 🅜 A2

カフェの4階に隠れる予約制のティーサロン。若いけど落ち着きのある店主Arthurが、その日の気分に合わせて淹れてくれる台湾茶が絶品。Arthurは以前京都に住んでいたこともあり、日本語を話すことができる。

店内は内装からちょっとした小物までセンスが良く、居心地がいい。今風の若者たちが、パソコン片手に仕事しながら飲みに来ている。締めにお団子を焼いて出してくれるのだが、これもまたおいしい。

ちなみにここではお酒も飲めるので、バー使いでもOK。建物にエレベーターがないので注意。

ASABAN TEA 大稲埕
（ダー ダオ チェン）

🏠 台北市大同區歸綏街218-1號4樓
📞 なし　🚇 MRT 大橋頭站から徒歩11分
🕐 13:00〜19:00 　⊘木　🆑○

124 🅜 A2

僕が愛する究極のワンタン麺「餛飩麺（フントゥンミエン）」。台湾に来るたびに、必ず足を運ぶ店だ。

特徴は、なんといっても少し甘みを感じる綺麗なスープ。ワンタンはシンプルで、麺は細くてモッチリ。シャキシャキのセロリも、いい仕事をしている。

ワンタンの具はお肉のほかに、エビやホタテも選択可能。汁なし麺の乾麺（ガンミエン）や、ワンタンをラー油で絡めた抄手（チャオソウ）も絶品。

ちなみに他の店舗は味が異なるので、行くなら必ずこの本店に！

チー　フー　ビエン　ス―
奇福扁食
🏠 台北市中正區信義路二段243巷2號
📞 02-2322-2337　🚇 MRT東門站から徒歩2分
🕐 10:30〜14:30／16:30〜20:00　🚫なし

127 E3

30年以上も続く、台北でも数少ない正統派の上海料理が食べられる店。どれも家庭料理のような、優しく上品な味付けが特徴で、化学調味料不使用。健康にも気を遣ったヘルシーな中華だ。

絶対食べてほしいのが、白菜と肉団子の煮込み料理「白菜獅子頭（パイツァイシースートウ）」。この店の名物で、トロトロの白菜と肉の旨みが最高。僕は苦手で食べられないけど、ここの臭豆腐（チョウドゥフ）も絶品らしいので、大丈夫な人はぜひ注文してみて！

白菜と肉団子煮込み「白菜獅子頭」。

ショウ　ラン　シャオ　グアン
秀蘭小館
🏠 台北市大安區信義路二段198巷5-5號
📞 02-2394-3905　🚇 MRT東門站から徒歩2分
🕐 11:30〜14:00／17:30〜21:00　🚫なし

127 E3

青田街

Jack & NaNa
COFFEE STORE

日本の木造建築が点在する趣のあるエリア、青田街（チン ティエー ジェ）にある、絶品の浅煎りコーヒーが飲める店。

店主Jackが自家焙煎するコーヒーは決して安くはないけれど、とにかくこだわりが強く、びっくりするくらいクリーンで香り豊か。コーヒー好きに愛される名店だ。

🏠 台北市大安區和平東路一段157巷11號
📞 02-2394-7316
🚇 MRT古亭站から徒歩15分
🕐 11:00〜19:00(土日は13:00〜19:00) ⊘ 水

127 **E** E4

シャオ マン
小慢

台北のお茶業界のレジェンド、小曼（シャオマン）さんが手がける茶藝館。古い木造の古民家を改装した雰囲気のある店内で、台湾茶とお茶菓子を楽しめる。基本的には、教えて貰いながら自分でお茶を淹れるスタイル。店舗のすぐ横に息子さんが営む「wan」という小さな喫茶店があり、そこのコーヒーやデザートもおいしい。京都に妹姉店がある。

🏠 台北市大安區泰順街16巷39號
📞 02-2365-0017
🚇 MRT古亭站から徒歩12分
🕐 13:00〜18:00 ⊘ 月火

127 **E** E4

ウェン ジョウ ジェ ロウ ボウ スー ビン ダー レン
溫州街蘿蔔絲餅達人

僕の大好物である、蘿蔔絲餅という"大根の千切り餅"がめちゃくちゃおいしい店。ローカルな台湾人たちがわざわざ買いにやってくる。

中にはシャキシャキの大根がモリモリ入っている。少し漬物のような味付けがされており、噛むとジュワーッと旨味たっぷりの汁が溢れ出す。レジ横にソースと辛いソースの2種類があるので、それをつけるのを忘れずに！

🏠 台北市大安區和平東路一段186-1號
📞 02-2369-5649
🚇 MRT古亭站から徒歩11分
🕐 7:00〜19:00 ⊘ 日

127 **E** E4

台湾に来たら食べてほしいローカルフードが、台湾式おにぎり「飯糰」。台湾には朝だけ営業するおにぎり屋台がたくさんあり、この店も営業は朝6時半から。朝から行列ができるほどの人気店だ。

目の前でおにぎりを作ってくれるのだが、お米の香りが最高でたまらない。作り立てだから、熱々だ。

具だくさんの台湾のおにぎりは、中に漬物や肉のふりかけ「肉鬆（ロウ ソン）」や揚げパン「油條（ヨウ ティアオ）」が入っていて、食感も楽しい。

劉家飯糰
リョウ ジャー ファン トァン

🏠 台北市大安區和平東路二段321號
📞 02-2706-6356
🔘 MRT科技大樓站から徒歩4分
🕐 6:30～13:00（土は12:00まで）🚫 日

125 D3

台北で一番おいしいと思う燒餅の店。燒餅とは焼いたパンのようなもの。

おすすめは、ネギが入ってる蔥燒餅（ツォン シャオ ビン）。焼き立ての熱々が最高においしいので、買ったらその場でかぶりつくのがおすすめ。

外はサクサク、中は汁が溢れるほどジューシーで絶品。一つひとつが小さいので朝ご飯はもちろん、小腹が空いた時にも最適。だけどおいしすぎるので、食べ過ぎには注意。

盛味豐貼爐燒餅
ション ウェイ フォン ティエ ルー シャオ ビン

🏠 台北市大安區和平路二段321號
📞 02-2702-2232
🔘 MRT科技大樓站から徒歩4分
🕐 6:30～18:30（土は18:00まで）🚫 日

125 D3

超濃厚な鶏スープ「砂鍋土雞（サー グォ トゥー ジー）」が名物の、1983年にオープンした40年以上の歴史がある老舗。

使用される鶏は台東（タイドン）の地鶏のみ。10時間以上シェフが付きっきりで作り上げる、ここでしか食べることができない極上の鶏スープ。とにかく濃厚で旨味がたっぷりで、本当に大好き。人生で一度は食べてほしい。

麻婆豆腐など四川料理ならではの一品料理もおいしい。席数も多いので、直前でも予約がとれるのもありがたい。

驥園川菜餐廳
ジー ユエン チュアンツァイ ツァン ティン

🏠 台北市大安區敦化南路一段324號

📞 02-2708-3110

🧭 MRT大安站から徒歩8分

🕐 11:30 - 14:00／17:30～21:00 　⊘なし　CARD

125 D2

エリア別グルメガイド

店の名の通り、兄、弟、そして従兄弟の3人が営むかき氷屋さん。手描きのメニューがポップでおしゃれ。

凍らせたミルクから作るかき氷「雪花冰（シュエ ファー ビン）」がおいしくて、とにかくふわふわな食感が絶品。濃厚なミルクの甘味と香りもたまらない。トッピングでタピオカを入れると、食感もプラスされるのでおすすめ。夏季限定でマンゴーのかき氷もあり。

観光地にありながら、お客さんのほとんどが台湾人という、地元民に愛される名店だ。

秘方雪人兄弟 大安店
ミー ファン シュエ レン ション ディ　ダー アン ディエン

🏠 台北市大安區大安路一段194號

📞 02-2703-6563

🧭 MRT大安站から徒歩6分

🕐 12:30～21:30（金土は22:00まで）　⊘月

125 D2

台湾の美食家にこっそり教えてもらった、中国の雲南料理の隠れた名店。

雲南料理の名物、鶏の蒸しスープ「汽鍋雞（チー コー ジー）」は前日までに予約が必要だが、これが驚くほどおいしい。

そのほか、豚肉の薄切りやチャーハン、炒め物など、どれも味付けが重くなく、軽くいける。特に豆腐を麹につけて醗酵させた豆腐乳（ドウ フー ルー）は、濃厚なチーズのような味で最高。

価格も高くなく、安心して利用できる店だ。

ユン ソン シャオ グアン
雲松小館
🏠 台北市大安區仁愛路四段345巷4弄16號
📞 02-2772-4550
🧭 MRT 忠孝敦化站から徒歩6分
🕐 11:30～14:00／17:30～21:00　⊘なし
125 ⑧ E2

担々麺（タン タン ミエン）が絶品の、台北にあるローカル街食堂。汁なしで、胡麻とピーナッツの香りが豊かなソースをかき混ぜながら食べる濃厚マイルドな麺。

店のおっちゃん特製の名物チャーハンも、ワンタンにラー油を絡めた抄手（チャオ ソウ）も美味だから、ここに来ると色々頼みたくなる。

観光客向けではなく、ローカルな人で賑わう店内。台湾人が普段使いする"本当においしい店"というのは、まさにこんな感じの店。これぞ台湾の街食堂。

シャオ ジャー シャオ グアン
蕭家小館
🏠 台北市大安區忠孝東路四段216巷27弄14號
📞 02-2772-7143
🧭 MRT 國父紀念館站から徒歩6分
🕐 11:30～13:30／17:30～20:30　⊘土日
125 ⑧ E2

南京復興站
周辺

個人的に世界で一番おいしいと思う海南雞飯の店。海南雞飯は台湾のカオマンガイ。大好きすぎて何度も通っている店だ。

メニューはシンプルに副菜ありか、なしかの2つのみ。この日替わりの副菜が、台湾ならではの良い味を出しているので、ここは副菜ありがおすすめ。

鶏肉が柔らかくて、つるつるで絶品！特製の2種類のタレをかけて、副菜と混ぜながら食べるのが、本当に最高。

慶城海南雞飯
チン チェン ハイ ナン ジー ファン

🏠 台北市松山區慶城街16巷8號
📞 02-8712-1200
📍 MRT南京復興站から徒歩2分
🕐 11:00〜15:00／16:00〜20:30　⊘ 土日

126 C2

かき氷の雪花冰（シュエ ファー ビン）と豆花（ドウ ファ）が人気の店。新しい店だから、店内はシンプルで綺麗。

おすすめは、台湾ならではのタロ芋のかき氷。甘すぎず、タロ芋がトロトロ、お餅がぷにぷにで最高。6〜7月にかけてはマンゴーが最高においしい時期なので、マンゴーのかき氷もおすすめ。

ここは豆花もおいしいので、毎回来るとどちらを注文するか悩んでしまう……。夜9時まで営業しているから、ディナーのあとの締めデザートにも使える。

春美冰菓室
チュン メイ ビン グオ スー

🏠 台北市松山區敦化北路120巷54號
📞 02-2712-9186
📍 MRT南京復興站から徒歩4分
🕐 12:00〜21:00　⊘ なし

126 C2

かつて米軍兵の居住エリアだった富錦街（フー ジン ジェ）にある、30年以上続く地元民に愛される小さな食堂。着飾らない素朴な店内。だけど、味は名店と呼ぶにふさわしいおいしさ。

看板料理は豆腐の千切り炒めの豆干炒肉絲（ドウ ガン チャオ ロウ スー）。ほかにもピーマンと鶏肉を炒めた青椒雞丁（チン ジャオ ジーディン）や、豚の角煮である梅干扣肉（メイ ガン コウ ロウ）など、何を頼んでも外れなし。

価格も1人2,000～3,000円で楽しめるので、リーズナブルにおいしい家庭料理を食べたい方におすすめ！

侯門小館 ホウ メン シャオ グアン

- 台北市松山區民生東路五段180號
- 02-2760-0708
- MRT 南京三民站から徒歩12分
- 11:30～14:00／17:30～20:30 ⊘月

127 E1

もし日本の友人が台湾に来て「辛い火鍋が食べたい」と言ったら、まずここに連れて行く。

まるで芸術品のように綺麗に盛り付けられた火鍋が印象的。鍋の具材は、台湾各地から取り寄せられたもの。スープは2種類から選べるのだが、ここの辛いスープがとにかくおいしい。花椒（ホア ジャオ）や色んな薬味が入っていて、今まで食べたことのないめちゃくちゃクセになる味だ。

プーアール茶を使用した伝統的な白いスープも美味。1つの鍋で台湾を満喫できる。

李白白鴛鴦麻辣鍋 リー バイ バイ ユアン ヤン マー ラー グオ

- 台北市松山區富錦街454號1樓
- 02-2767-1937
- MRT 南京三民站から徒歩18分
- 17:00～22:30 ⊘月火

127 E1

郭媽媽 _{グオ ママ}

台湾朝ご飯の定番、蛋餅（ダン ビン）がしみじみおいしい。蛋餅とは小麦粉や片栗粉の生地で具を巻いた、しょっぱいクレープのこと。

生地の好みがモチモチ派とサクサク派に分かれるが、ここはモチモチ好きな僕が選ぶ、頂点！いつも頼むのは、定番のハムチーズ。

ちなみに焼き餃子の鍋貼（グオ ティエ）も人気で、こちらも皮がモチモチしている。

🏠 台北市内湖區麗山街338巷40號
📞 02-2627-0422
🧭 MRT港墘站から徒歩5分
🕐 6:00〜12:00 ⊘なし

123

在山野對話 _{ザイ シャン イエ ドゥイ ホア}

女性オーナーが経営する、トルコランプが印象的なセンス抜群のカフェ。

自家焙煎しているコーヒーやミルクティーなどをはじめ、ケーキやさりげないクッキーなども全部おいしい。特に名物のチョコレートクリームチーズケーキは必ず頼んでほしい一品。

最高の時間が過ごせる、とっておきのカフェ。

🏠 台北市内湖區港墘路127巷16弄10號
📞 02-2658-9906
🧭 MRT港墘站から徒歩6分
🕐 12:00〜17:00 ⊘土日

123

榛品越南小吃 _{ジェン ビン ユエ ナン シャオ ツー}

汁なし麺が最高のベトナム料理屋さん。よく頼むのは豚肉の汁なし麺だけど、意外と汁だく。ライムを絞って爽やかになったスープが、モチモチの麺に絡まる。野菜もたっぷりで罪悪感なし！

定番の生春巻きから、台湾式ベトナム料理のエビのすり身揚げなど、どれもレベルが高くておいしい。

🏠 台北市内湖區港墘路88號
📞 02-2658-7165
🧭 MRT港墘站から徒歩4分
🕐 11:00〜14:30／17:00〜21:00 ⊘月

123

内湖區

北投區

温泉で有名な北投（ベイトウ）エリアにある台湾人のソウルフード「水餃」の超人気店。水餃とは日本でいう水餃子のこと。行くと並ぶことも多々。

水餃はキャベツかニラの2種類から選べるけど、おすすめはキャベツ。皮の厚さと茹で具合がちょうど良く、さっぱりしていて、何個でも食べられる。焼き餃子の鍋貼も人気で、こっちの皮はかなりモッチモチ。

最近値上げしたけど、それでも1個7元（約35円）とリーズナブル。手頃な値段で嬉しい。

アー ツァイ グオ ティエ シュエイジャオ ジュアンメアイ ディエン
阿財鍋貼水餃專賣店
🏠 台北市北投區裕民一路40巷5號
📞 02-2826-2424　🚇 MRT石牌站から徒歩6分
🕐 11:00〜21:30　⊘ 水

122

ワンタンスープの人気店。いつも多くのお客さんで賑わっている。

名物の「大餛飩加魚丸（ダー フン ドゥン ジャユー ワン）」はワンタンと魚団子が入ったスープ。

セロリが香るスープは、あっさりしつつも、後からじんわりと旨味がやってくる。大きめのワンタンは皮が薄くてヒラヒラした、独特の形。魚団子は魚のすり身に挽き肉が混ざっているので弾力もあり、とてもジューシー。

台湾の伝統的なでんぷん料理である肉圓（ロウユエン）も人気。

シャオ ジー ダー フン ドゥン
蕭記大餛飩
🏠 台北市北投區裕民一路40巷21號
📞 02-2822-4837　🚇 MRT石牌站から徒歩6分
🕐 7:00〜14:00　⊘ 月

122

僕が思う台湾で1番おいしい鶏肉の店。だけど、陽明山（ヤンミンシャン）の山奥にあるため、日本人はおろか、台湾人にもあまり知られていない名店。

名物の「白斬雞（パイ ジャン ジー）」は鶏を丸ごと茹でてカットした料理で、前日までに電話での予約が必要。店の裏で放し飼いされた鶏の肉はびっくりするくらい弾力があり、少々固すぎるのではと思うほど。ただ、噛んでいるうちに旨味がどんどん溢れてくる。

魚のスープや、台湾バジルで炒めた卵焼きなど、ほかの家庭料理もおいしい。

サン チョン チャオ シャオ ツー ディエン
三重橋小吃店

- 🏠 新北市金山區三重橋1號
- 📞 02-2408-0328
- 🚗 台北車站から車で55分
- 🕐 10:30〜21:30（祝日は23:00まで）　⊘ なし

「三重橋小吃店」から徒歩1分。普段は內湖（ネイ フー）にあるコーヒーショップ「原豆精神（ユアン ドウ ジン シェン）」のオーナーが、土日だけ山に登ってきて、この場所を借りてカフェを運営している。

自ら焙煎したスペシャリティコーヒーは浅煎りから中煎りがメインで、種類も豊富。さらにここのバスクチーズケーキはほどよいトロみと甘さで、仕上げに塩がかかっていて絶品。

そして何よりこの緑豊かな空間が最高なので、天気が良ければテラス席がおすすめ。

ウェイ ウェイ シャン ファン
微微山房

- 🏠 新北市金山區三重橋7號
- 📞 02-2408-0599
- 🚗 台北車站から車で57分
- 🕐 12:00〜18:00　⊘ 月火水木金

小さいけれど賑やかな裕民夜市（ユー ミン イェ シー）の中にある小籠包（シャオ ロン バオ）の名店屋台。オープンして10年ほど。店頭では若い10代と思われる男の子たちが、せっせと小籠包を包んでいるのが見える。

薄い皮に包まれた甘みのあるネギとジューシーな豚肉。スープも多めなのに、なんと8個で80元（約380円）。この値段でこのクオリティはすごい。

小籠包のほか、エビシュウマイの蝦仁燒賣（シャー レン シャオ マイ）も絶品。

ウーリョウ シャン コウ タン バオ
56巷口湯包

🏠 新北市板橋區裕民街56巷1號
📞 0963-221-258
🧭 MRT新埔民生站から徒歩11分
🕐 16:30〜22:50 ⊘水

メニューは麵線と台湾ソーセージの香腸（シャン チャン）のみの老舗。

麵線はにんにくのタレとパクチーが効いていて旨い。ちなみにここは、卓上によくあるにんにくのすりおろしがなく、皮がついたままのにんにくを丸ごとくれる。自分で剥いて麵線に投入すると、さらにコクが出てきておいしい。香腸は店頭で豪快に炭で焼かれており、お酒が効いた甘めの味付け。

店員のおばちゃん達もいつも優しくて、大好きな店だ。

ヨウ クー コウ オー アー ミエンシェン
油庫口蚵仔麵線

🏠 新北市板橋區文化路一段188巷44號
📞 02-2257-6445
🧭 MRT新埔站から徒歩8分
🕐 9:30〜19:00 ⊘なし

台中

台中（タイ ジョン）に来ると必ず寄る店の1つ。

絶対に食べてほしいのが、豚肉とにんにくを茹でた蒜泥白肉（スワン ニー パイ ロウ）と、はまぐり麺の老向蚌麺（ラオ シャン パン ミエン）。

豚肉は柔らかく、ちょっと濃いめの味付けで止まらぬおいしさ。はまぐりがたっぷり入った老向蚌麺は、一生飲み続けたくなるような旨味たっぷりのスープにシンプルな麺が相性抜群。

チャーハンやほかの一品料理もどれもおいしく、台中に来た際は必食だ。

ラオ シャン ダ ディエン
老向的店

📍 台中市北屯區北平路三段173號

📞 04-2237-7016　🚗 台中車站から車で13分

🕐 10:30〜22:00　⊘ 月

台中（タイ ジョン）の中心から少し離れた田舎の豊原（フォン ユエン）エリアにある、昔ながらの市場「豊原廟東夜市（フォン ユエン ミャオ ドン イエ スー）」。初めて来た時は圧倒されたほど、とにかく活気がすごい。

この市場にある排骨麺の店で、僕的に台湾で1番の排骨麺が食べられる！

トロトロの排骨が出汁の効いた研ぎ澄まされた極上のスープに浸っていて、これを麺と一緒に食べる。甘めの味付けで、これがもう絶品なのだ。

ミャオ ドン チン シュエイ パイ クゥ ミエン ディエン
廟東清水排骨麺店

📍 台中市豊原區中正路167巷2之10號

📞 04-2523-3704　🚗 台中車站から車で28分

🕐 11:30〜23:00　⊘ 水

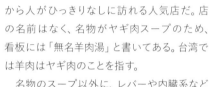

朝だけ営業する超絶品のヤギ肉専門店。朝から人がひっきりなしに訪れる人気店だ。店の名前はなく、名物がヤギ肉スープのため、看板には「無名羊肉湯」と書いてある。台湾では羊肉はヤギ肉のことを指す。

名物のスープ以外に、レバーや内臓系など希少な部位も食べられて、すべてが最高に新鮮でおいしい。ただ、どんどん売り切れていくので、内臓系が食べたいなら早めに行くのがおすすめ。

朝からヤギ肉？ と思うかもしれないけど、意外にさっぱりしていて、朝から超元気が出る。ぜひ行ってみてほしい。

無名羊肉湯
ウー ミン ヤン ロウ タン

🏠 台南市中西區府前路二段144號
📞 非公開 🚗 台南車站から車で10分
🕐 5:30〜13:00 🚫 火

台南の路地裏に店を構える、創業1886年の老舗肉まんのテイクアウト専門店。なのだが、僕がこの店でおすすめしたいのは「水晶餃（シュエイ ジン ジャオ）」。

水晶餃は台湾の伝統料理だが、最近は食べられる店がどんどん減っている。

プニプニ食感の透明な皮に包まれているのは、たっぷりの角切りの筍と豚肉が入ったトロトロの餡。さすが台南、甘めの味付けが最高に

おいしい！ この食感と味がクセになって、気づいたら何個も食べている。

木炭で蒸し上げる肉まんもおいしい。

禄記
ルー ジー

🏠 台南市中西區開山路3巷27號
📞 06-225-9181 🚗 台南車站から車で7分
🕐 7:30〜18:30 🚫 不定休

お寺の傍らに隠れるようにある米糕の名店。米糕とは、餅米を具材と炊いたおこわのような料理。

当初は店舗販売ではなく、自転車で街を周りながら、おばあちゃん秘伝のレシピの米糕を販売していたのだが、瞬く間に"伝説の米糕"として有名になったそう。

米糕には一般的に鶏肉を使うそうだが、細い骨があるため、お年寄りや子どもには食べづらい。そこで豚肉を使うことにしたそうだ。

台南の昔ながらの味を、ぜひ味わってみてほしい。

ヌオ フー ミー ガオ 糯夫米糕

🏠 台南市中西區府前路一段359巷22號
📞 非公開 🚗 台南車站から車で9分
🕐 10:00〜17:00 🚫 水木

台南で今一番話題のテイクアウト専門のドーナツ屋さん。日本で修業をしたという台南女子Makiが作る、見た目も可愛い絶品ドーナツが食べられる。

外はふわふわ、食べるとモッチリした生地。そして驚くのは味のセンスの良さ。台湾ならではの「タロ芋とアヒルの卵黄の塩漬け」や間違いなしの「いちごクリームチーズ」など、本当にどれもおいしくて何個でも食べたくなる。

店の雰囲気もいいので、台南を訪れた際は、食べに行ってみて。

Maki Doughnut

🏠 台南市東區長榮路一段234巷16號
📞 非公開 🚗 台南車站から車で8分
🕐 12:00〜16:00 🚫 火水

Makiは日本語も上手。

とっておきの 1日観光プラン 1

COLUMN 5

台湾が初めてという人も、何度も来ている人も
どちらも楽しめる場所——。
僕が1日案内するならどこに行くか、考えてみた。
とっておきの観光プランをご紹介。

瑞芳区（ルイ フ ァン チュー）
—新しい文化が芽吹く海沿いの街

今、台湾でひそかに注目を集める地域がある。人気観光地である九份（ジョウ フェ
ン）から車で15分ほど行ったところにある海沿いの街、瑞芳区。金鉱山があり、
昔は金の採掘が盛んだったエリアだ。鉱物の成分によって、黄土色に染まった
海が見られることでも有名。そんな歴史を持つ小さな海の街に今、おしゃれな
店が続々とオープンしている。

　一番の注目は、フランスからこの地に家族で移り住んだ台湾人女性シェフがオープンしたビストロ「迴回 Huí Huí」。

　フランス人のデザイナーを夫に持ち、夫婦で作り上げたこのレストランは、どこかヨーロッパの海沿いの街を思わせる素敵な雰囲気。台湾の食材を使用した創作料理とそれに合うナチュールワインは、どちらも最高に素晴らしく、海を見渡しながら食べるのが格別！

　もう1軒、「迴回 Huí Huí」があるゆるい坂道には、これまたとってもおしゃれなブックカフェ「非書店」がある。くつろげるスペースや秘密基地のような地下の空間もかっこいい。

　また、そのすぐ隣には同じオーナーが運営する秘密のバーレストラン「瀑布隔壁」が。
1階はレストランスペース。地下には別荘のような素敵な部屋が広がっていて、ベランダに出ると、目の前にある小さな滝を眺めることができる（そのすぐ隣にはカウンターバーもある）。

　瑞芳區には、そのほかにもピザ屋さんやカフェなど、ここでは紹介しきれないほどセンスに満ち溢れた店が続々とオープンしており、若者たちが新たな街を、そして新たな文化を作り上げている。

　ぜひこの街を訪れ、新しい台湾を体感してみてほしい。

迴回 Huí Huí

🏠 新北市瑞芳區洞頂路 155-4 號
📞 0975-590-712
🕐 18:00〜22:00
　（土日は12:00から）
⊘ 月火水 CARD ○

非書店

🏠 新北市瑞芳區明里路83號
📞 02-2496-1811
🕐 11:00〜19:00
⊘ 水木

瀑布隔壁

🏠 新北市瑞芳區明里路85號
📞 非公開
🕐 14:00〜22:00
⊘ 月火水

台湾の今を感じる

とっておきの 1日観光プラン ②

不老部落（ブーラオブールオ）
—特別な原住民体験

普通の台湾旅行じゃ物足りない人におすすめしたいのが、「不老部落」での原住民体験。場所は台北から車で1時間半ほどのところにある宜蘭（イーラン）という地区にある原住民"タイヤル族"の集落。超絶に楽しくて、予約困難なことでも有名なツアー。

🏠 宜蘭縣大同郷寒溪村寒溪巷5號
📞 0919-090-061
🕐 10:00〜16:30　⊘日月　[CARD]○

集合場所に着くと、ランドローバーが待機している。車で険しい山道を駆け上がり、集落まで移動。集落に到着すると、原住民の狩りの仕掛けや、実際に住んでいる家を見せてもらったり、工芸品を見せてもらったりして、ツアーが進んでいく。最後は、みんなで原住民のご馳走をいただきながらの宴会が始まる。

宴会では音楽演奏あり、みんなでダンスあり、餅つきありと、とにかくハッピーで楽しい。そこには言語の壁なんて存在しない。

また、ここを訪れた人が驚くのは、彼らが手掛けるものすべてが、美的センスに溢れていること。住んでいる家はびっくりするくらいおしゃれで、ふるまわれる料理はファインダイニングかと思うほど見た目にもこだわっている。そして何よりおいしい！

お酒は名物の「小米酒（シャウミイジョウ）」を。めちゃくちゃ飲まされるけど、みんなで飲んで食べて踊って、そして文化も学べて、最高。

ちなみにこの集落では、近くの原住民の学校で授業をすると、原住民の素敵な家に無料で宿泊することができるそう。授業内容はヨガでもカメラでも、何か1つでも教えられることがあれば良いらしいので、今度授業をしにいこうかと考え中。

予約は公式サイトから。興味のある方はどうぞ！
https://www.bulaubulau.com

PART **6**

About 台湾

台湾を旅する時に
知っておきたい情報をぎゅっと凝縮。
予約の取り方や
これだけは食べたいグルメリスト、
旅で使える中国語など、
ぜひ一度目を通してみて！

台湾に行く前に知っておきたい10のこと

本書を読んで
台湾に行きたくなったら。
事前に知っておきたいことを
まとめてご紹介。

1 1年中温暖な気候。ベストシーズンは10月！

台湾は年間を通して10℃を下回ることがほぼない、温暖な気候。僕が考えるベストシーズンは9月中盤〜10月頃。日本以上に暑い夏が終わり、少し涼しくなるタイミングなので外歩きもしやすいはず。ちなみに、以前お茶の専門家に話を聞いたところ、3〜8月は毎月違う茶葉が収穫できるそうで、お茶を楽しむならこの時期もいいかも。

2 台北松山空港なら市内まで10分

台湾には台湾桃園空港と台北松山空港の2つの空港があるけど、おすすめは断然、台北松山空港。市内まで、車でわずか10分という便利な場所にある。僕がよく使っている航空会社も、台北松山空港発着便があるJAL、エバー航空、チャイナエアライン。一方、台湾桃園空港は市内まで1時間半ほどかかるけど、LCCも運行しているなど、価格面ではメリットもあり。

3 公用語は台湾華語。日本語も伝わる

台湾の公用語は北京語をベースとした「台湾華語（たいわんかご）」。文法や語彙などは中国語とほぼ同じだけど、中国語が「簡体字（かんたいじ）」であるのに対し、台湾では「繁体字（はんたいじ）」と呼ばれる漢字を使う。また、日本語を話せる人も多く、相手によっては英語より日本語の方が通じる場合も!?

4 物価は日本よりやや安い程度

1元＝4.7円（2024年4月現在）。コロナ以降、日本同様、台湾でも年々物価が上がっているのを感じる。カフェやレストランに入ると、ほとんど日本と変わらない金額に驚くかもしれない。もちろん、地元民に愛されるローカル店や屋台にはまだまだ安くておいしいものがたくさん！20元ぐらいから楽しめる。

5 クレジットカードが使える店も増加中

最近は屋台でも、クレジットカードが使える店が増えてきた。とはいえ、まだまだ現金社会なのも事実。現金が足りなくなったら、両替するよりクレジットカードで海外キャッシングを利用する方がお得な場合も。ATMは、MRTの改札付近に大体設置されている。

6 道を調べるのも、店を調べるのも「Google マップ」！

台湾には日本の「食べログ」のようなサイトはない。道を調べるのも、良い店を調べるのも「Googleマップ」を使う。本書でも店情報に「Googleマップ」のQRコードを掲載しているので、ぜひ活用してみて。

＊QRコードは㈱デンソーウェーブの登録商標です。

7

3大便利アプリは
「Google マップ」「Uber」「台北捷運」

「Google マップ」に加えて、「Uber」「台北捷運(タイ ペイ ジェ ユン)」が、僕の選ぶ3大便利アプリ。配車アプリの「Uber」を使えば、口頭で行き先を伝える必要がないので、外国人でも安心してタクシーに乗ることができる。さらに、移動に欠かせないMRTの路線や経路検索ができる「台北捷運」を入れておけば完璧!

8

海外SIMが使えると便利

無料Wi-Fiも少なくないけど、やはり常時スマートフォンが使える海外SIMを入れておくのがベスト。海外SIMは空港のほか、日本で事前に購入することも可能。ちなみに台北で無料Wi-Fiといえば、「Taipei Free」「iTaiwan」の2つが有名。

9

到着したらまず「悠遊卡」を買おう

「悠遊卡(ヨウ ヨウ カー)」は台湾の交通系プリペイドカード。チャージしておけば、MRTやバスをはじめとする公共交通機関にタッチするだけで乗車できる。購入できる場所は空港、MRTの券売機、コンビニエンスストアなど。カード型のほか、キーホルダー型もあり、お土産にもおすすめ!

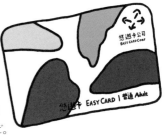

10

MRT内で飲食すると罰金!

MRTの改札を通った瞬間から、飲食は禁止。日本と同じ感覚で飲んだり食べたりしないようにご注意を。地元民でも旅行客でも、1,500元以上7,500元未満の罰金が科される。

PART 6

台湾でグルメを楽しむためのアドバイス

予約の取り方や、
店内での振る舞い方など、
行きたい店が決まったら
まずはこちらを一読してみて。

アドバイス **1**

最新情報はInstagramでチェック！

台湾の店はインスタ至上主義。最近の店はほとんどInstagramのアカウントを持っているので、行きたい店があれば、まずはチェックしてみるのがおすすめ。店の雰囲気や人気メニューを知ることができるほか、定休日を確認したり、店によっては予約サイトへのリンクが貼られていたり。DMで予約できる場合も。

アドバイス **2**

予約が取れない店の場合

事前予約ができない人気店は、直接店に行って並んで待つしかない。台湾あるあるなのが、"行列に並んでみたら、実はテイクアウトの列だった。イートインならすぐに入れたのに！"というパターン。列ができていたら、その列がテイクアウトなのか、イートインなのかチェックするのがおすすめ。

アドバイス **3**

ローカル店は半セルフサービス

ローカル店では、食事で使う箸やスプーン、皿などは自分で取りに行くシステムが多い。他にも、飲み物や小皿料理を店内の冷蔵庫から自分で取り出す必要がある店も。他のお客さんのふるまいを見て、真似をするのがベスト。また、注文用の伝票を自分で書く店も。数量のところは「正」の字で書いていくのが正解！

アドバイス **4**

麺をすするのはNG！ 食べ残しはOK

台湾の食事のマナーはあまり厳しくはなく、日本のマナーとそれほど違いはない。ただし、日本と異なりNGとされるのは、音を出して麺をすすること。多くの台湾人は一度レンゲに麺をとってから、口に運ぶ。また、ついついたくさん頼んでしまっても、台湾には食べ残しを持ち帰る文化「打包（ダー バオ）」があるから大丈夫。食べきれなかったら、持ち帰りたい食べ物を指差しながら「我要打包（ウォー ヤオ ダー バオ）／持ち帰りがしたいです」と伝えて。

これだけは 食べたい！ グルメリスト

Must Eat! List

台湾に来たら
ぜひ食べてほしいグルメを
写真付きで、ひとまとめに。

麺

麺線（ミエン シェン）
日本の素麺のような台湾の細長い麺を、カツオ出汁のトロみのあるスープで煮込んだもの。具は牡蠣やモツなど。

牛肉麺（ニョウ ロウ ミエン）
醤油ベースで少し辛い「紅燒（ホン シャオ）」と、さっぱりした「清燉（チン ドゥン）」の2種類がある。どちらも柔らかく煮込まれた牛肉がのっている。

担々麺（タン タン ミエン）
日本の汁なしの担々麺に近い印象。辛みはなく、濃厚な胡麻ダレにピーナッツパウダーがかかっている。

排骨麺（バイ クゥ ミエン）
油で揚げた豚バラ肉に甘辛いソースを絡め、麺にのせたもの。

涼麺（リャン ミエン）
お酢を使った台湾の冷麺。嘉義（ジアーイー）ではお酢の代わりにマヨネーズを使う。

陽春麺（ヤン チェン ミエン）
具はネギのみのシンプルな麺。汁なしと汁ありがある。

鴨肉麺（ヤー ロウ ミエン）
シンプルなスープにジューシーな鴨肉をのせた麺。

老向蚌麺（ラオ シャン バン ミエン）
はまぐりの出汁がおいしい麺。台中（タイジョン）で食べられる。

ご飯

滷肉飯（ルー ロウ ファン）
細かく刻んだ豚肉を甘辛く煮て、ご飯の上にかけたもの。

飯糰（ファン トァン）
台湾式おにぎりのこと。中にいろんな具材が入っており、具だくさん。白米（バイミ）と紫米（ズミ）から選べるところが多い。

海南雞飯（ハイ ナン ジー ファン）
台湾のカオマンガイ。鶏の煮汁でご飯を炊き、その上に茹でた鶏肉をのせたもの。

雞肉飯（ジー ロウ ファン）
嘉義（ジアーイー）の名物。ご飯の上に茹でた鶏肉、揚げエシャロット、チキンスープをかけたもの。七面鳥を使ったものを「火雞肉飯（ホウ ジー ロウ ファン）」という。

米糕（ミー ガオ）
もち米を使った日本のおこわのような料理。地域によってバリエーションが異なる。

点心

小籠包（シャオ ロン バオ）
薄い皮にスープたっぷりの餡を包んだもの。噛むとスープが溢れ出す。餡の具材は様々。

水餃（シュエイ ジャオ）
台湾で餃子といえば、焼きより水餃子。つるんとしていて、いくらでも食べられる。

鍋貼（グオ ティエ）
焼き餃子のこと。台湾では水餃子の方がメジャー。

燒賣（シャオ マイ）
台湾のシュウマイ。豚肉やエビが入ったものなど、色んな種類がある。

水晶餃（シュエイ ジン ジャオ）
浮き粉と片栗粉を合わせたプニプニの透明な皮で、具材を包んだもの。

鍋・スープ

牛肉鍋（ニョウ ロウ グオ）
牛や野菜から取った出汁に、牛肉をさっとくぐらせて食べる台南の名物料理。

酸菜白肉鍋（スワン ツァイ バイ ロウ グオ）
「酸菜（サンサイ）」というすっぱい白菜の漬け物と豚肉を煮る、台湾お馴染みの鍋。

沙鍋魚頭（サー グオ ユートウ）
嘉義（ジアー イー）の名物。具だくさんのスープに揚げた魚を加えて煮たもの。

米粉湯（ミー フェン タン）
豚骨の澄んだスープにビーフンを入れたもの。屋台でよく食べられる。

酸辣湯（サン ラー タン）
酸味と辛味のあるスープ。鴨血（鴨の血を固めたもの）が入っているものも。

湯圓（タン ユエン）
モチモチの団子が入ったスープ。

豬血湯（ジュー シュエ タン）
日本ではほとんど食べられない台湾料理。豚の血の塊をスープに入れたもので、レバーよりも臭みが少ない。

羊肉湯（ヤン ロウ タン）
羊という字が入っているけれど、ヤギ肉のこと。新鮮であれば臭みもない。

一品料理

香腸（シャン チャン）
台湾のソーセージ。日本とは違い、甘い味付けが特徴。

抄手（チャオ ソウ）
ワンタンをラー油で和えたもの。ピリ辛。

紅燒肉（ホン シャオ ロウ）
中国では豚肉を醤油で煮込んだものを指すが、台湾では揚げたものをいう。

鵝肉（エー ロウ）
台湾ではよく食べられるガチョウ肉。茹でたり、燻製にしたりして食べる。

蒜泥白肉（スワン ニー バイ ロウ）
台湾の豚肉の冷しゃぶ。にんにくのソースがかかっている。

軽食

肉包子（ロウ バオ ズ）
食べ歩きにぴったりな肉まん。店先に上がる湯気が食欲をそそる。

燒餅（シャオ ビン）
焼いたパンのようなもので、外はサクサク。中に色んな具材が入っている。

蘿蔔絲餅（ロウ ボウ スー ビン）
千切りの大根を薄い皮で包み、揚げ焼きにしたもの。

蛋餅（ダン ビン）
クレープのように小麦粉や片栗粉を焼いた生地で、具を巻いたもの。

刈包（グア バオ）
台湾式ハンバーガー。白い蒸しパンに甘辛く煮た豚肉を挟んだ料理。

漢堡（ハン バオ）
台湾人は朝食として食べることが多いハンバーガー。台湾発のチェーン店もある。

豆漿（ドウ ジャン）
日本でいう豆乳。ラー油などをトッピングして食べる。飲み物というより、スープに近い感覚。

炸雞（ジャー ジー）
台湾のフライドチキン。味がしっかりついていて、サクサク。

烤玉米（カオ ユー ミー）
夜市でもよく見かける焼きとうもろこし。モチモチ食感。

スイーツ

豆花（ドウ ファ）
豆乳をプリンのように固めたもの。上に甘いシロップやフルーツをのせて食べる。

雪花冰（シュエ ファー ビン）
台湾のかき氷。氷自体にミルクなど味が付いている。ふわふわの食感。

甜甜圏（ティエン ティエン チュエン）
台湾でひそかなブームであるドーナツ。食べ歩きにもぴったり。

食事シーンで使える 台湾華語

Taiwanese Mandarin For Eating Scenes

勇気を出して使ってみると
旅がより楽しくなるかも。
知っておくと便利な
台湾華語の一覧。

基本編

こんにちは
你好 (ニー ハオ)

ありがとうございます
謝謝 (シェイ シェイ)

さようなら*
再見 (ツァイ ジェン)

すみません (呼びかけ)
不好意思 (ブー ハオ イー スー)

はい
是 (シー)

いいえ
不是 (ブ シー)

(食べ物が) おいしい
好吃 (ハオ ツー)

(飲み物が) おいしい
好喝 (ハオ ハー)

お腹いっぱいです
吃飽了 (ツー バオ ラ)

* "さようなら"は、どんな高級レストランでもみんなカジュアルに「掰掰 (バイバイ)」と言うので、バイバイでもOK。

入店時

何名ですか?
幾位? (ジィ ウェイ?)

1人です／2人です／3人です
一位 (イー ウェイ)／兩位 (リャン ウェイ)／三位 (サン ウェイ)

イートインにします
我要內用 (ウォー ヤオ ネイ ヨン)

テイクアウトします
我要外帶 (ウォー ヤオ ワイ ダイ)

注文・会計時

「(商品名)」をください。
我要「(商品名)」(ウォー ヤオ「(商品名)」)

これは何ですか?
這是什麼? (ジョ スー シェン マ?)

何かおすすめはありますか?
有什麼推薦? (ヨウ シェン マ トゥイ ジエン?)

これはいくらですか?
這個多少錢? (ジャガ ドゥオ シャオ チェン?)

お会計をお願いします
我要買單 (ウォー ヤオ マイ ダン)

カードで支払いたいのですが
可以刷卡嗎? (カー イー シュワー カー マ?)

持ち帰りがしたいです
我要打包 (ウォー ヤオ ダー バオ)

トイレはどこですか?
洗手間在哪裡? (シー ショウ ジエン ザイ ナーリー?)

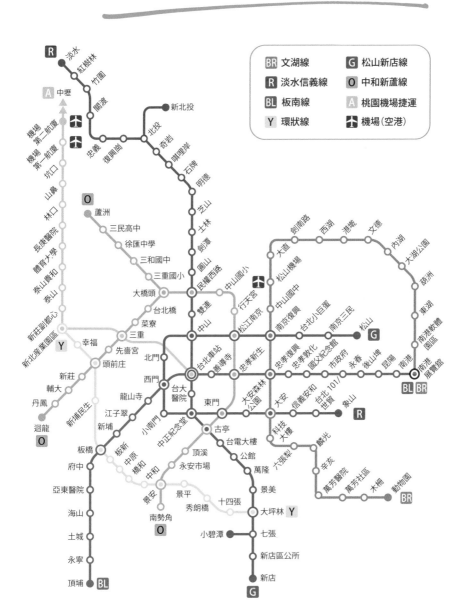

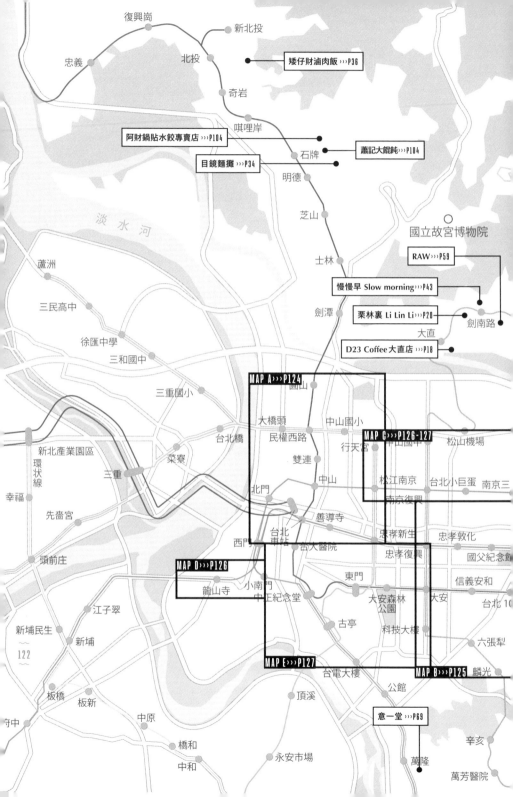

復興崗
新北投
忠義
北投
奇岩
矮仔財滷肉飯 ››› P36
唭哩岸
阿財鍋貼水餃專賣店 ››› P104
石牌
蕭記大餛飩 ››› P104
目鏡麵攤 ››› P34
明德
淡水河
芝山
國立故宮博物院
士林
RAW ››› P59
慢慢早 Slow morning ››› P43
劍潭
栗林裏 Li Lin Li ››› P20
劍南路
大直
D23 Coffee 大直店 ››› P18
蘆洲
三民高中
徐匯中學
三和國中
圓山
MAP A ››› P124
三重國小
大橋頭
中山國小
MAP C ››› P126-127
民權西路
中山國中
松山機場
新北產業園區
環狀線
菜寮
雙連
行天宮
松江南京
台北小巨蛋
南京三
三重
中山
幸福
北門
善導寺
南京復興
先嗇宮
台北車站
台大醫院
忠孝新生
忠孝敦化
頭前庄
西門
MAP D ››› P126
龍山寺
小南門
中正紀念堂
東門
忠孝復興
國父紀念館
大安森林公園
信義安和
大安
台北10
江子翠
新埔民生
新埔
古亭
科技大樓
六張犁
122
MAP E ››› P127
台電大樓
MAP B ››› P125
麟光
板橋
板新
頂溪
公館
守中
意一堂 ››› P69
辛亥
中原
橋和
萬隆
萬芳醫院
中和
永安市場

台北 MAP

台北市内にある店をまとめた。
どの店に行こうか、計画を立てる時に
参考にしてみてほしい。

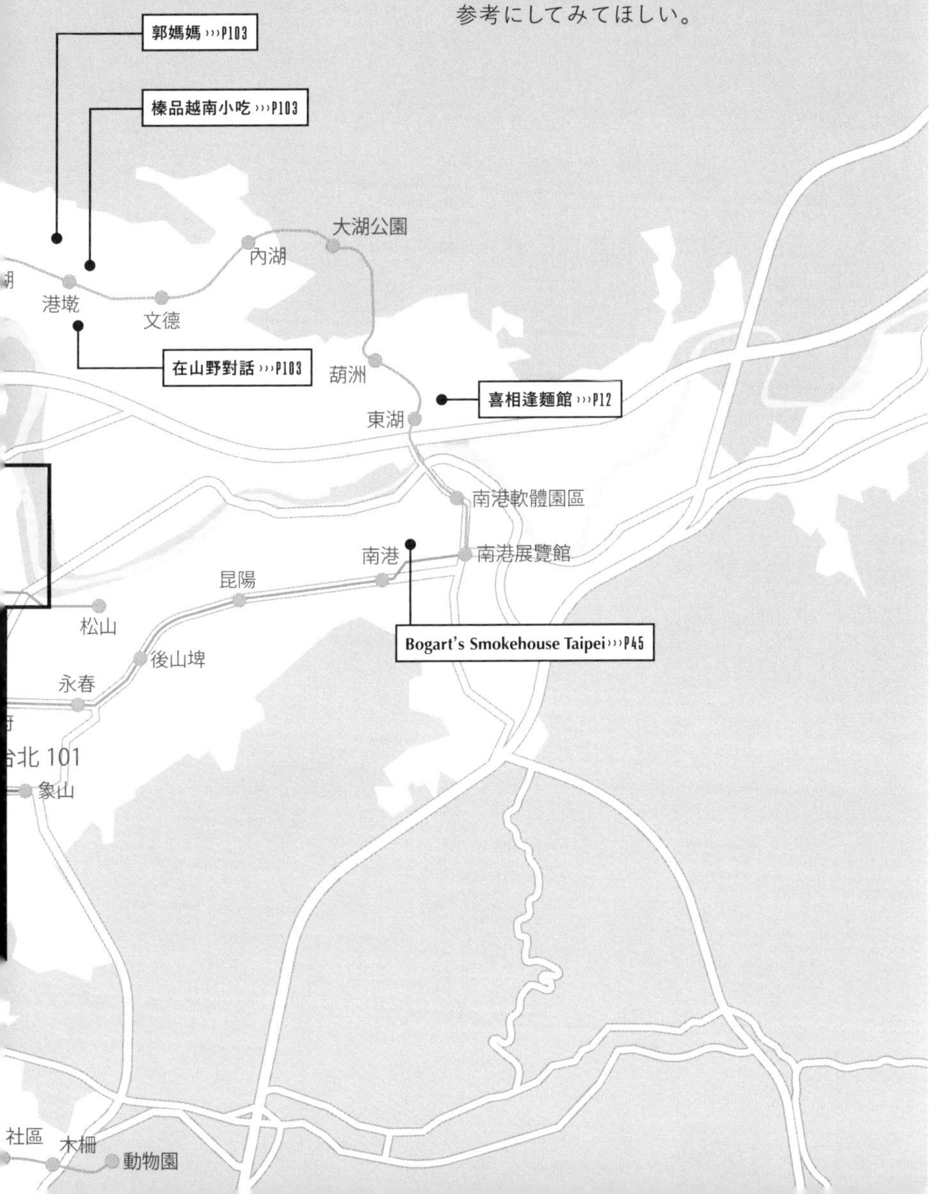

郭媽媽 〉〉〉P103

榛品越南小吃 〉〉〉P103

大湖公園

內湖

港墘　　文德

在山野對話 〉〉〉P103

葫洲

喜相逢麵館 〉〉〉P12

東湖

南港軟體園區

南港軟體園區

昆陽　　南港　　南港展覽館

松山

後山埤　　Bogart's Smokehouse Taipei 〉〉〉P45

永春

台北 101

象山

社區　木柵
動物園

MAP A

A 大龍峒保安宮

B 臺北市立美術館

圓山

花博公園
圓山園區

國防部
憲兵指揮部

C 花博公園
新生園區

建國南北高架道路

爭艷館
展示貿易センター

新生高架道路

1

環河北路二段

晴光市場 ››› P24

中和新蘆線

賣麵炎仔 ››› P95

大橋頭　　民權西路

麵線傳奇 ››› P30　中山國小

行天宮

阿國切仔麵 ››› P91

燕山湯圓 ››› P92

阿德雷得咖啡 ››› P92

ASABAN TEA 大稻埕 ››› P95

阿田麵 ››› P34

雙連

妙口四神湯 包子專賣店 ››› P44

淡水信義線

雞家莊（長春路店）››› P90

登波咖啡 ››› P74

三元號魯肉飯 ››› P37

富霸王豬腳 ››› P37

2

台北長春
國賓影城

雙福食品 ››› P91

大稻埕米粉湯 ››› P93

中山

大稻埕魯肉飯 ››› P36

松山新店線

松江南京

台北當代藝術館 ○

元味料理 ››› P93

fumée ››› P55

無名鴨肉麵 ››› P35

北門　台北車站

晶華軒 ››› P62

市民大道高架道路

台北車站

KiOSK ››› P75

124

善導寺　板南線

3

國立臺灣博物館 ○

西門

請客樓 ››› P62

忠孝新生

總統府

台大醫院

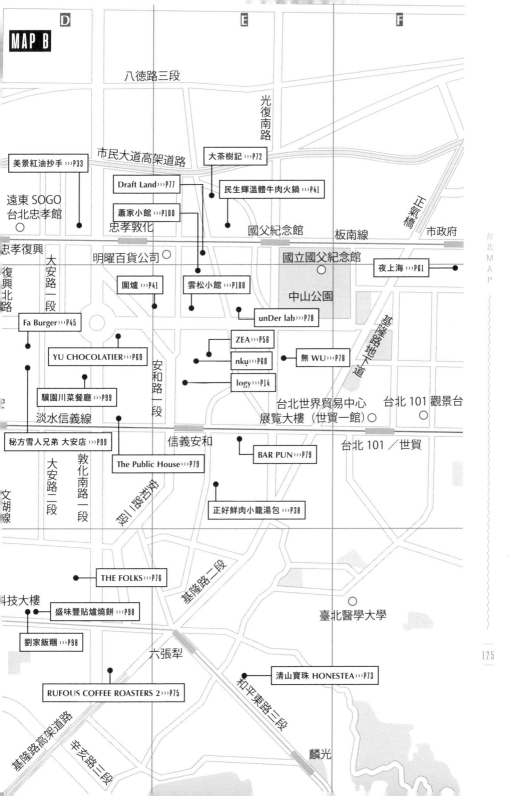

八德路三段

光復南路

市民大道高架道路

美景紅油抄手 >>>P33

大茶樹記 >>>P72

Draft Land >>>P77

民生輝溫體牛肉火鍋 >>>P41

遠東 SOGO
台北忠孝館
〇

蕭家小館 >>>P100

正氣橋

忠孝敦化

國父紀念館

板南線

市政府

忠孝復興

明曜百貨公司 〇

國立國父紀念館
〇

夜上海 >>>P61

復興北路

大安路一段

圍爐 >>>P41

雲松小館 >>>P100

中山公園

Fa Burger >>>P45

unDer lab >>>P78

YU CHOCOLATIER >>>P69

ZEA >>>P56

無 WU >>>P78

nku >>>P60

安和路一段

logy >>>P14

驥園川菜餐廳 >>>P99

淡水信義線

台北世界貿易中心
展覽大樓（世貿一館）〇

台北 101 觀景台
〇

秘方雪人兄弟 大安店 >>>P99

信義安和

台北 101／世貿

The Public House >>>P79

BAR PUN >>>P79

大安路二段

敦化南路一段

翠亨南路二段

正好鮮肉小籠湯包 >>>P38

文胡線

THE FOLKS >>>P76

基隆路二段

科技大樓

盛味豐貼爐燒餅 >>>P98

臺北醫學大學

劉家飯糰 >>>P98

六張犁

清山寶珠 HONESTEA >>>P73

和平東路三段

RUFOUS COFFEE ROASTERS 2 >>>P75

基隆路高架道路

辛亥路三段

麟光

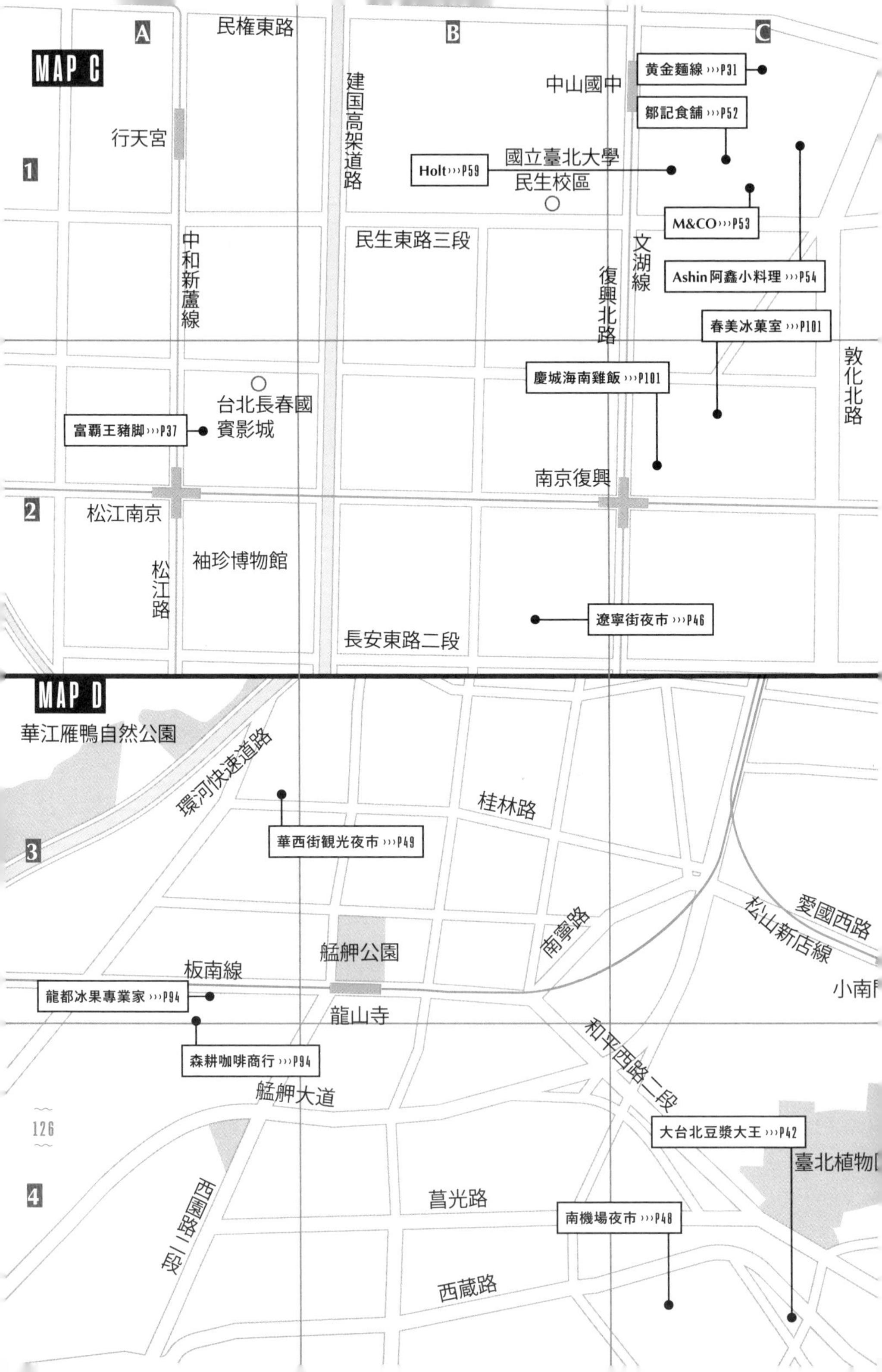

MAP C

民権東路 Ⓐ Ⓑ Ⓒ

黄金麵線 ›››P31

中山國中

鄒記食舖 ›››P52

建国高架道路

行天宮

1

Holt ›››P59

國立臺北大學
民生校區
○

M&CO ›››P53

中和新蘆線

民生東路三段

Ashin阿鑫小料理 ›››P54

文湖線

復興北路

春美冰菓室 ›››P101

敦化北路

○ 台北長春國
賓影城

慶城海南雞飯 ›››P101

富霸王豬腳 ›››P37

南京復興

2

松江南京

松江路

袖珍博物館

長安東路二段

遼寧街夜市 ›››P46

華江雁鴨自然公園

環河快速道路

桂林路

3

華西街観光夜市 ›››P49

愛國西路

松山新店線

艋舺公園

南寧路

板南線

小南門

龍都冰果專業家 ›››P94

龍山寺

森耕咖啡商行 ›››P94

和平西路二段

艋舺大道

~126~

西園路二段

大台北豆漿大王 ›››P42

臺北植物

4

莒光路

南機場夜市 ›››P48

西蔵路

李白白鴛鴦麻辣鍋 ››› P102

民權東路五段

侯門小館 ››› P102

生東路四段

光復北路

老楊在二樓 ››› P16

三民路

塔悠路

基隆河

健康路

北小巨蛋

松山新店線

南京三民

八德路四段

正氣橋

松山霞海
城隍廟

MAP E

台大醫院

板南線

忠孝復興

國立臺灣博物館

淡水信義線

青島豆漿店 ››› P42

仁愛路一段

中和新蘆線

仁愛路三段

奇福扁食 ››› P96

阿里港鵝的料理
Goose's Food ››› P39

121好鮑魚燕窩餐廳 ››› P63

立臺灣博物館
南門館 ○

○ 國立中正紀念堂

秀蘭小館 ››› P96

大安森林公園

大安

中正紀念堂

廖家牛肉麵 ››› P32

東門

萃釀 AINSI THÉ ››› P73

大安森林公園

建國高架道路

noon ››› P76

松山新店線

劉媽媽飯糰 ››› P43

重慶南路二段

林記牛肉麵 ››› P32

和平東路一段

Jack & NaNa COFFEE STORE ››› P97

水源快速道路

古亭

阿妹麵店 ››› P35

小慢 ››› P97

Kamaro'an House ››› P68

河濱公園

溫州街蘿蔔絲餅達人 ››› P97

康樂意小吃店 ››› P44

阿英滷肉飯 ››› P37

辛亥路二段

中正橋

台電大樓

現地在住のグルメ好きが厳選した
ガイドブックにのらない
本当においしい店

台湾名店137

tatsuya 著

2024年5月5日　初版発行

発行者　横内正昭
編集人　青柳有紀
発行所　株式会社ワニブックス
　　　　〒150-8482東京都渋谷区恵比寿4-4-9 えびす大黒ビル
　　　　ワニブックスHP　http://www.wani.co.jp/
　　　　（お問い合わせはメールで受け付けております。
　　　　HPより「お問い合わせ」へお進みください）
　　　　＊内容によりましてはお答えできない場合がございます。

印刷所　TOPPAN株式会社
DTP　　株式会社明昌堂
製本所　ナショナル製本

構成
稲垣飛力里（side dishes）

デザイン
廣田 萌、游 瑀萱（文京図案室）

イラスト
STOMACHACHE.

地図製作
ウエイド

校正
聚珍社

編集
安田 遥（ワニブックス）